Uma Temporada com Lacan

Relato

Pierre Rey

Uma Temporada com Lacan

Relato

Tradução de
Sieni Maria Campos

Editor
José Nazar

Companhia de Freud

Título Original
Une Saison Chez Lacan

Editoração Eletrônica e Capa
FA - Editoração Eletrônica

Consultoria Técnica
Marco Antonio Coutinho Jorge

Revisão
Ítalo Campos

Editor Responsável
José Nazar

Rio de Janeiro, 2008

CIP-BRASIL. CATALOGAÇÃO NA FONTE
SINDICATO NACIONAL DOS EDITORES DE LIVROS, RJ

R351t

Rey, Pierre, 1930-2006
Uma temporada com Lacan : relato / Pierre Rey ; tradução Sieni Maria Campos ; editor José Nazar. - Rio de Janeiro : Cia. de Freud, 2008.
162p.

Tradução de: Une saison chez Lacan
Inclui bibliografia
ISBN 978-85-7724-060-9

1. Lacan, Jacques, 1901-1981. 2. Rey, Pierre, 1930-2006. 3. Psicanálise. I. Título.

08-4050.

CDD: 616.8917
CDU: 159.964.2

Companhia de Freud
editora

Endereço para Correspondência
Rua Rio Pomba 455, Carlos Prates CEP: 30.720-290
Tel.: (31) 2511-2040 • (31) 99403-2227
Belo Horizonte – Minas Gerais

www.artesaeditora.com.br
e-mail: atendimento@artesaeditora.com.br

À memória do Gordo,
sem o qual as coisas...

"Esperem o que quiserem,"

Jacques Lacan
in "Television"

Sumário

I

PACÍFICO

1

Perto de Los Angeles há uma praia de areia cinza onde as ondas do Pacífico vão quebrar.

O lugar se chama Venice. Paralela ao mar. Estende-se uma avenida ladeada de minúsculas cabanas de tábuas coloridas, muitas vezes enfeitadas com afrescos naifs de cores agressivas, onde se vendem salsichas quentes, sanduíches de carne e comida vegetariana. Entre o mar e a avenida, verteram na areia uma camada de concreto, usada para ginásios ao ar livre. Diante dos olhos dos passantes, os freqüentadores jogam *paddie-tennis,* exercitam-se na barra fixa, esmurram sacos de boxe ou deslizam na superfície dura do concreto com os pés presos a patins de rodas.

Venice não é mais que essas paralelas de areia e espuma encerrando concreto salpicado de palmeiras. O chão vive coberto de papéis engordurados, copos de papel usados e acúmulos de areia que o vento traz do mar. Nos estádios em miniatura exercitam-se atletas com calças de algodão outrora azul e torso nu mostrando músculos exageradamente desenvolvidos pela constante prática dos halteres, cuja enorme massa de ferro cai quicando surda enquanto gira, indiferente, uma espiral de patinadores com o leve chiado dos rolamentos de esferas, walkman atado ao cinto e fones metidos nos ouvidos, ritmando seu fluido deslizar com a música que, tocando só para eles, os isola.

Outubro chegava ao fim. Eu caminhava lentamente na praia em meio a uma bruma dourada de fim de tarde. Não havia muitos banhistas, mas os que eu encontrava não tinham a cor local. Quero dizer que, ao contrário dos americanos da costa oeste, haviam permitido que suas histórias lhes ficassem gravadas nos traços do rosto dia após dia. A da véspera e muitas outras vividas no passado, talvez em outro lugar. Eu estava de camiseta como os demais. Às vezes deitava-me na areia e virava a cabeça para trás até sentir vertigem acompanhando o vôo macio e silencioso de uma gaivota. Ou então olhava para oeste, lado do largo, fixava o sol avermelhado, e meus olhos, ao se desviarem, só percebiam do mundo ao redor manchas brancas fugazes cujas vibrações comprimiam-me a retina numa pulsação escandida de doce dor. Imagens passeavam em meu crânio, e eu aquiescia a elas, limitando-me a deixá-las desfilar na aparente desordem em que brotavam antes de fenecer, não parecendo ter qualquer relação umas com as outras, embora eu tivesse a confusa intuição de que se articulavam em torno de um centro a ser descoberto mas que ainda me era invisível — eu provavelmente não tinha vontade alguma de reconhecê-lo.

Às vezes passavam por mim homens e mulheres correndo na beira da praia e eu os imitava, feliz ao sentir o sangue latejando-me nas têmporas e a câimbra invadindo-me os músculos das coxas e das panturrilhas quando acelerava a corrida e a areia úmida ecoava cada vez mais depressa sob meus pés. O sol agora penetrava numa bruma longínqua que velava seu fulgor, transformando-o num disco vermelho pousado na bandeja de uma névoa mais opaca que franjava a linha do horizonte. Mais adiante cheguei a um quebra-mar grosseiro cuja intromissão mordia a praia com blocos de rocha rugosa e arestas vivas. Em sua base o mar deixara poças, e nas pedras úmidas e esverdeadas batiam finas rendas de longas algas que dançavam succionadas pela água quando esta mergulhava sob as pedras para lá morrer num marulho de sal e sargaço. Peguei um sirizinho com as pontas dos dedos e observei a linha branca desenhada na carne de meu indicador pela mordida de suas pinças. Coloquei-o na areia.

Saiu na direção oposta ao mar, para as dunas. Corri atrás dele, tornei a pegá-lo e atirei-o à água.

Naquele instante, uma enorme onda imprevisível me tirou o fôlego com seu borrifo frio. Voltei à corrida. Encontrei cheia de areia minha roupa enrolada. Friccionei-me longamente, vesti a camisa, os jeans e, com as alpargatas debaixo do braço, fiquei tentado a voltar à rua: precisava de um bar e de uma cerveja. Olhei o mar mais uma vez.

À esquerda, bem longe, muito além de Marina del Rey, eu divisava o penacho de fumaça cuspido pelos grandes cargueiros que decolavam do aeroporto e traçavam um longo arabesco do lado de Santa Mônica antes de sumir a leste. Era naquele lugar do Pacífico, ao largo, que frequentemente ocorriam as passagens de baleias. Muitos de meus amigos as haviam avistado deslocando-se em grupos brincalhões a algumas milhas da costa. Canoas a motor muitas vezes as seguiam sem que elas se abalassem nem parassem de brincar, projetando suas enormes massas flexíveis e cinzentas, na crista das ondas ou então, numa rabanada indolente, mergulhando nas profundezas marinhas para reaparecer cem metros adiante expirando um gêiser de vapores em arco-íris. Eu nunca tivera a sorte de vê-las. Em compensação, um ano depois do momento que estou descrevendo, foi-me dado fazer a pesca miraculosa dos Evangelhos. Eu morava em Malibu, praia cinzenta onde se apinhavam casas de madeira sobre pilotis que as ondas faziam estremecer nas noites de maré alta. Em direção a oeste, a terra mais próxima situava-se a seis mil quilômetros.

Uma vez, por volta de duas da manhã, fui tirado da leitura pelos latidos insistentes de um cachorro. Saí à varanda. Como todas as noites, violentos refletores colocados nas fachadas das casas iluminavam o mar com sua luz crua, cavando sombras duras em cada montículo de areia. Não entendi de imediato por que a praia até onde a vista alcançava, tornara-se um palpitante tapete metálico prateado.

Desci a escada correndo, saltei para a areia e mergulhei até os tornozelos num visco espesso e frio de peixes vivos que pululavam sob a planta de meus pés. Eram bilhões. Quando as ondas espumantes os atiravam com estrondo contra minhas coxas, a água negra e fosforescente se metamorfoseava em lençol de mercúrio sólido. Bastava-me abrir e fechar as mãos debaixo d'água para senti-los aprisionados entre meus dedos, tentando escapar à compressão contorcendo-se, escorregadios. Subi até minha casa saltando os degraus de quatro em quatro e tornei a descer com um saco de plástico que ficou repleto em alguns minutos. Deixei-o protegido das ondas em cima de uma pedra e voltei ao mar para observar.

E ouvir.

Pois, realmente, ouvi o grito dos peixes. As fêmeas estavam plantadas na areia na vertical, só com a cabeça de fora, de boca espasmodicamente aberta como numa respiração difícil, deixando escapar uma espécie de gemido surdo enquanto os machos se apinhavam contra elas, indiferentes à asfixia que os espreitava naquele balé de amor e morte, cada vez mais e mais distantes da onda que já não chegava até eles. Alguns, em saltos desordenados, tentavam retornar ao mar num derradeiro instinto de sobrevivência, mas a maioria se entregava, de barriga para cima, inerte. Eu ficaria sabendo no dia seguinte que se tratava dos *grunions*. Uma vez por ano, quinze dias antes da maré mais alta, chegavam de noite para desovar no litoral do Pacífico que se estende por centenas de quilômetros entre o norte de São Francisco e o extremo sul do México. Quando os ovos fecundados são confiados à frágil guarda da areia seca que os cobre, os sobreviventes cumprido o destino, retomam o caminho do largo para lá morrer. No décimo terceiro dia após a postura, a minúscula casca de um amarelo translúcido eclode.

Quarenta e oito horas depois, com rigorosa precisão de relojoeiro, a mais alta onda da mais alta maré varre as margens e carrega os alevinos para o ventre do mar. Para que outros possam viver, também eles deverão morrer um dia no ato sexual derradeiro.

No momento em que eu me preparava para ir embora da praia sob aquela luz tênue de Venice, ainda não testemunhara o estranho cerimonial dos *grunions*, mas de repente me veio a ideia — talvez a que antes repelira — de que eu estava morto. Pois morrer é esquecer. E eu não lembrava de nada, apesar de alguns amigos que se empenhavam em me servir de memória contando-me as façanhas, desconhecidas do passado recente de um estranho que juravam ser eu.

Não sabia por que estava naquele lugar, nem desde quando, nem por mais quanto tempo, nem o que lá fazia.

Entretanto, não era a primeira vez que eu morria.

Em Paris, quando estava vivo entre dois mortos, acontecia de eu ir ao redor das quatro da tarde à Coupole para almoçar sozinho ostras e carne crua. Os garçons ainda não tinham acendido as luzes, e o fundo da sala onde eu gostava de me refugiar parecia uma imensa caverna escura. Àquela hora não havia clientes.

Frequentemente éramos dois.

O outro era Sartre. Poucas vezes prestei atenção aos pratos que ele pedia, mas lembro que sempre tomava o mesmo vinho, delicioso e muito caro, *château-canon.*

Eu admirava Sartre por grande parte de sua obra, mas tinha minhas dúvidas quanto à perenidade de seus escritos filosóficos, nos quais a invenção, a criação e o imaginário cediam ao discurso mais batido da cultura universitária.

A cultura é a memória da inteligência dos outros.

Exceto alguns aparelhos digestivos excepcionais, ela só produz cultura, discurso sobre um discurso — até o infinito que se desdobra dentro dos limites sem surpresa do registro da lei: negá-la, combatê-la ou suportá-la ainda é, de qualquer maneira reconhecê-la. Foi o que o próprio Hegel, em quem Sartre inspirou-se amplamente, admitiu com humildade ao constatar que há vinte e quatro séculos os ganhos da filosofia se limitavam a "notas sob forma de índice à obra de Platão".

Índice é do âmbito da cultura. E a cultura é *continuidade.*

A criação, seu oposto, é *ruptura.*

Ao acaso da imprevisível dinâmica de sua emergência, segrega sua própria lei sobre os escombros do sistema que a precedeu, como demonstra o monótono parricídio da história do pensamento. É por isso que ela é *maldita,* como foram *malditos* todos os grandes criadores.

Sartre é maldito?

Ainda me ecoam nos ouvidos as palavras de Lévi-Strauss a propósito dos três momentos da dialética hegeliana: "No dia em que entendi que tese, antítese e síntese eram o fundamento da Universidade, saí da Universidade."

Sartre saiu?

Foi então que vi as baleias.

Contei seis. Cavalgavam a linha do horizonte, traçando sua rota poderosa numa placa de cobre. Eram maravilhosas e verdadeiras como me haviam descrito.

Quis dizer obrigado. Mas, como não sabia muito bem quem me presenteara com sua presença, por via das dúvidas disse obrigado ao mar.

Acompanhei-as com os olhos o mais que pude. Desapareceram.

A noite ia cair e dissipar aquele extravagante escorrer de púrpuras. Tornei a andar na areia seca e fresca, feliz em saber que as baleias realmente existiam.

Depois perguntei-me como, naquela ponta da Califórnia, sob aquela luz outonal hesitante, eu pudera pensar em Sartre. Voltando sobre meus passos — Marx, Lévi-Strauss, Hegel, Sartre, Coupole, cervejaria, cerveja —, soube que fora por causa de uma cerveja. Ele escrevera: "Somos o que fazemos."

Eu tinha certeza absoluta do contrário: somos o que não fazemos. Eu sabia do que estava falando: só começara a ser ao deixar de fazer. Há quatro anos que minha vida era uma não-ação perfeita. Eu não fazia estritamente nada. Tornara-me um tragador de tempo. Aspirava-o gota a gota, atento a seu escorrer, cujo sentido e gosto ignorava quando era obrigado a não perdê-lo, no tempo em que nunca me dava o tempo de ter tempo. Os vácuos se povoavam de ações fúteis, como as moradias medíocres de mesinhas atulhadas de bibelôs idiotas que, por compensação metafórica, preenchem o vazio mental dos que os acumulam. Eu ainda não sabia dizer não. Animava equipes, dava ouvidos — para convencer-me de minha importância — à logorréia de desconhecidos insossos, entrava numa loja para comprar camisas e saía com sapatos novos, de braço dado com a vendedora, e, quando por milagre não era fagocitado pelos outros, ligava para amigos e lhes fazia a pergunta mais estúpida que possa sair da boca de um ser humano: "O que você vai fazer hoje à noite?" Como todo mundo.

Por horror de enfrentar o vazio, fabricava-me vacuidade. Por temor inconsciente de minha própria liquidação, anulava por meio de um "fazer" o espaço que se reduz a cada instante para nos aproximar da morte. Com o passar dos séculos, deslizamos do *Cogito ergo sum* ao "faço, logo sou" tão desprovido de lógica como o *Credo quia absurdum*.

Infelizmente, havia absurdos que eu não engolia. Desde que me colocara sob o signo do "sou porque não faço", aprendera que não há tempo *objetivo* pois, segundo minha vontade, podia torná-lo elástico, reduzi-lo a nada enquanto giravam as estrelas ou fazer dele um infinito no tempo de uma centelha.

O "não-fazer" dera-me este presente de reis: poder dar ao tempo a duração do desejo. Conforme meu humor, eu criava tempos vegetais em que me transformava em árvore, tempos mamíferos em que era cão, tempos terrestres que me faziam nuvem, tempos cósmicos para a metamorfose de uma vibração e tempos minerais em que por fim me tornava pedra, ou Pedro.

A questão dava acesso direto ao "eu" — sem que o "tu", o "vós" ou o "eles" nos ficassem interditos para sempre — e à lei não-escrita que impõe sua coloração a nossas existências: duração e intensidade se repelem. A barra que as separa marca a fronteira entre prazer e gozo — para atingir o gozo, é preciso morrer ao prazer. Para entrar na intensidade, escapar da duração que, ao balizar o prazer, o limita. O gozo aniquila: tempo sem duração, tempo fora do tempo dos poetas e de sua famosa segunda eternidade que só o medo, a morte, a vitória e o amor proporcionam.

Até o tédio me era gozo, sobretudo o tédio, que me ensinara esta verdade: "somos o que fazemos" para o olhar do Outro; para o nosso, *"somos o que gozamos"*.

Enquanto outros escreviam sobre o tempo, sua história, a origem da clepsidra, o funcionamento do mecanismo de relojoaria, o achado do relógio de sol, a invenção do calendário, ou como dividi-lo, organizá-lo etc., eu perdia o meu com volúpia, zelando ciosamente para que ninguém me roubasse a mínima parcela. Comia quando estava com fome, adormecia quando tinha sono e acordava quando abria os olhos. Via o sol nascer, traçar sua elipse, desaparecer no oceano, e ficava quase chocado com esse movimento que incomodava o silêncio ao escandir horas das quais eu possuía o sentido mas perdera a conta.

Às vezes, tinha vontade de criar. Desfilavam-me pela cabeça algumas notas de música, três linhas de texto, o ordenamento de um quadro, o início vago de um poema, a projeção de um croqui. Mas nunca passavam ao violão, à pena ou ao papel e, pela força das coisas, feneciam de maneira tão repentina como haviam surgido.

Eu estava bem demais para criar. O gozo é um estado de plenitude que basta a si mesmo. É por isto que não podemos dizer nada sobre ele — se o sentimos. Caso contrário, é substituído pelo discurso.

Quanto menos se goza, mais se explica. Quanto menos se entende, mais se afirma. Neste sentido, os ensaios sobre a criação são tão ridículos quanto os estudos sobre o tempo.

Exceto talvez Platão, Malraux, Berenson e Faure não constituem mais exceção à regra do catálogo histórico comparado do que Hegel em sua *Estética:* cem respostas ao "como", nem uma única ao "por quê".

A criação nunca vem de uma felicidade. Resulta de uma falta. Contrapeso de uma angústia, inscreve-se no vazio a ser preenchido por um desejo ao qual espera-se gozo e do fracasso de sua realização. Equivale a dizer que só pode nascer de um malogro, da *falta-a-gozar*. Eu até deduzira que, desde o começo dos tempos, toda criação estava contida nos dez centímetros que separam a mão de um homem da bunda de uma mulher. O homem morre de vontade de pôr a mão nessa bunda. Se concretizar o gesto e a mulher o aceitar, vão para a cama e fazem amor. Há gozo: nada é criado. Se não tiver coragem volta para casa sozinho, louco de frustração, compõe a *Nona sinfonia,* pinta O *homem do elmo de ouro,* escreve a *Divina comédia* ou inicia o *Pensador.*

Eu simplesmente esquecera que a criação está em outro lugar, em todos onde se manifesta a falta — pois esta é estrutural e nos condiciona por toda parte, sempre. E mesmo se aquela mão tivesse ido até aquela bunda, nunca teria encontrado o que pensava achar. Assim como aquela bunda, supondo-se que as bundas pensem, não teria tirado do contato com aquela mão a plenitude esperada. Por que, na medida em que escapa ao sexual, o gozo não residiria no próprio ato de criar?

Era precisamente no que eu estava pensando enquanto olhava aquele castanheiro naquele bar de Venice onde por fim tomava minha cerveja. O castanheiro era parte integrante da reprodução de uma gravura do século XVIII que destoava acima das garrafas de uísque, na balbúrdia de rapazes de jeans e camisetas, de lutadores de quermesse, de moças louras e pernas douradas que haviam posto no máximo o som da *juke box.* Sob o castanheiro, uma pastora guardava suas ovelhas na paz campestre de outros tempos. Mas era o castanheiro que me intrigava. Fora desenhado com tanta precisão que não se confundia com nenhuma outra árvore: carvalho, faia, choupo, acácia. Entendi de repente o que tinha de particular: o ponto focal que eu repelira no decorrer daquele longo dia flanando pela praia e para o qual haviam convergido minhas ideias sem contudo atingi-lo era ele, o castanheiro. Não o da gravura diante da qual eu estava boquiaberto em meio ao estrondo dos decibéis, mas seu semelhante, mais frágil, à esquerda de quem entra, logo depois de passar pela portaria, no pátio interno lajeado da rue de Lille número 5, sétimo *arrondissement,* Paris.

Durante uma estação mais longa que as estações de todos os castanheiros, lançara-lhe um olhar maquinal, constatando na primavera a eclosão das raras flores franzinas ou, no outono, a queda das folhas. No fundo do pátio, à direita, uma porta à qual conduziam alguns gastos degraus de pedra. Eu já estava apartado da rua, do barulho, do mundo.

Uma escadinha em espiral, um patamar, dois capachos, duas portas negras. Tocava a campainha da direita: era ali.

Lacan.

Ali também, durante dez anos, eu jogara minha vida. Ali onde fizera a mais longa de minhas viagens. Ali onde jurara a mim mesmo, cedo ou tarde, testemunhar.

O tempo passara, eu não cumprira a promessa. E muito tempo ainda transcorreria entre o momento em que, com os cotovelos fincados no bar, contemplava a gravura da pastora sob o castanheiro e este em que escrevo.

Não me faltaram pretextos para adiar.

O principal era uma pergunta que eu fingia achar insolúvel: como escrever?

A resposta era, contudo, evidente: como estou escrevendo.

II

Genealógico

2

A felicidade nunca fez ninguém feliz. Imediatamente antes de passar à ação, a maioria dos meus amigos mortos por suicídio ostentava sinais exteriores de equilíbrio e clamava desesperadamente que estava tudo bem.

Simplesmente, morriam. Até o momento em que se mataram, ninguém teria sido capaz de supor o peso da sombra antiga que lhes obliterava a vida. Mobilizara suas forças num combate perdido de antemão contra um adversário sem rosto. Sua maneira de morrer por fim o revelava: tarde demais. A morte precedia o diagnóstico. Para ter este, fora preciso pagar com aquela.

G. S. vivia coberto de mulheres, o que não o impedia de sentir frio. Ele as consumia às dúzias, com o sombrio apetite dos saciados cuja regra é ter cada uma só uma vez. Senhor magnânimo, deixava os íntimos aproveitarem seus restos. Transformara seu apartamento do décimo sexto *arrondissement* em bordel permanente onde, noite e dia os iniciados podiam emprestar realidade a suas fantasias. Tendo sido abolido todo espírito de conquista ou rivalidade, as trocas de parceiros se efetuavam na calorosa cumplicidade da abundância. Fora do cerimonial deprimente da sedução, em que papéis, diálogos e atitudes são enjoativos de tão batidos — sabe-se o fim da história, bom ou ruim —, a brutalidade sem máscara da situação possibilitava o distanciamento interior que traz como brinde o senso do relativo.

Uma manhã, vieram-me informar que G. S. pusera fim à vida durante a noite. Empanturrara-se de barbitúricos, enrodilhara-se em posição fetal na água morna de uma banheira e, com uma navalha, cortara os pulsos. Os que encontraram o corpo disseram-me que tinha nos lábios um sorriso de sossego. Eu freqüentava G. S. há tempo suficiente para não me surpreender: ele acabava de se realizar. Ao espalhar seu sangue nas águas placentárias — nossos sonhos nos revelaram a equivalência entre esperma e sangue no inconsciente —, praticara metaforicamente o incesto perfeito, crime e castigo confundidos em alguns minutos de intensidade pura desbloqueando num passe de mágica o peso de uma existência barrada pela interdição.

Ao contrário dos que perdem a vida por se recusarem a falar da morte, eu a evocava com frequência, talvez na esperança ingênua de dela me proteger. Contudo, a morte me roçara numa manhã de primavera em Cannes, num palácio onde tudo é projetado para tornar a vida prazerosa. Eram cinco da manhã. Eu passara a noite com uma moça para esquecer outra, cuja lembrança me atormentava. Ela acabara de ir embora. Eu estava fumando na cama sem conseguir pegar no sono. Há seis meses que aguentava aquela ferida aberta. Nenhuma cicatrização à vista apesar da fachada furtacor que protegia minha falta do olhar dos outros. Então peguei no ar, e isolei, uma frase que acabara de me passar pela mente: "Entendo que alguém possa se matar." Entrei em pânico no ato: verbalizara a possibilidade do meu próprio desaparecimento. Não como quando se teoriza sobre um assunto, mas enquanto expressão inconsciente de um anseio mortífero.

Naquele exato instante, soaram todos os sinos da Páscoa.

Gelado, fui até a janela, abri bem as cortinas e tive de fechar os olhos por causa da intensidade da luz.

Tornei a abri-los, e foi como se estivesse saindo de um túmulo.

Lá embaixo, parecendo pular amarelinha entre as sombras longas das palmeiras ao nascer do sol, jardineiros passavam o ancinho na grama ao redor da piscina salpicados pela incandescente manhã de abril que tornava o Mediterrâneo jovem como se tivesse nascido da alvorada. Pombas brancas arrulhavam, o mundo acabava de eclodir misteriosamente no esplendor quente do sol. Soube que estava curado, mas ainda assim tremia. Puxei as cortinas para recriar a noite, ingeri um sonífero e adormeci.

Acordei ao meio-dia. Instalei-me ao ar livre numa mesa do restaurante bem embaixo de minhas janelas e pedi as iguarias mais primorosas, o vinho mais delicioso. Por instinto, sabia que devia levar em conta o estado daquele doente no qual pousava o olhar pela primeira vez porque ele estivera prestes a morrer. Eu precisava me amar um pouco. Sofrer me tornara médico. Acabara de conhecer o preço de um desengano amoroso.

Contudo, àquela época, a noção de pagamento me era estranha. Eu escrevia crônicas para um jornal, vivia com notas de despesas muito acima de meus recursos e acompanhava deslumbrado a migração frívola das máscaras que, acreditando nelas, eu oferecia à admiração de meus leitores. Confundia anões com deuses, legendas de fotos com seres humanos. Engolia rumores, cuspia vento.

Os dias começavam quase invariavelmente com visitas de oficiais de justiça que vinham fazer "apreensões".

Apreender o quê? Eu vivia só de oxigênio.

Ainda não havia chegado aos trinta, as festas se sucediam, as dívidas se acumulavam, o jornal me fascinava, o extraordinário era meu ordinário, minhas noites, fogos de artifício, e eu amaldiçoava o sono que me roubava prazer.

Minha confusão de valores era total. Tornou-se aberrante no dia em que descobri o jogo em decorrência do tédio das festas. Eu levantava cada vez mais depressa da mesa do jantar e ia sentar à do trinta-e-um. Em pouco tempo passei a lá ficar grudado doze horas seguidas, três da tarde, três da manhã, ao ritmo da pulsação do coração dos cassinos, trinta vidas, trinta mortes a cada trinta minutos, entrecortadas de purgatórios onde os crupiês embaralhavam as cartas e as juntavam antes de tornar a cortar.

A vida a mil por hora. No entanto, o contrário da vida real, onde qualquer iniciativa necessita do investimento de ideias, trabalho, reflexão e tempo. Sobretudo tempo. Ao cabo de três dias, seis meses, dez anos, a resposta chega sob a forma de um "talvez". No jogo, é instantânea, irremediável. Sim ou não, imediatamente. Nenhum tempo morto entre o desejo e a sanção que o remata, esplendor ou desespero conforme os objetos o amem obedecendo ao seu chamado secreto ou afastem-se de você correspondendo ao anseio de outro. Encontram-se pouquíssimos idiotas nos cassinos (o idiota é sujeito da idiotice porque só é objeto da lei e do fato de não transgredi-la; nunca do gozo), mas pululam os monstros — eu fazia parte da família. Ao vencerem a barragem *blasée* dos fisionomistas, vão para o outro lado do espelho para identificar-se com os signos enigmáticos que decifram sua sorte. Tornam-se cores, cartas, números. Passam a ter rosto de dado. As lides terrenas não os atingem mais. Foram jogar, nada os impedirá de gozar.

Jogar-gozar: certamente não é preciso ir muito longe para descobrir que *jocare, joculari* e *gaudere* têm etimologia muito antiga em comum, onde os três sentidos se concentravam numa única raiz que significava simultaneamente jogar, ejacular, gozar.

Até o dia em que, tendo-me feito gozar tanto, o jogo gozou de mim. Era final do verão. Há muito tempo que, para conseguir fichas, eu assinava no caixa notas que faziam as vezes de moeda. O total que perfaziam me fulminou.

A volta a Paris é sempre desagradável. Esta foi catastrófica: será que eu então desconfiava que fizera de propósito para me colocar em perigo? Velho hábito que datava da infância e ilustra a frase de Dali (suas tiradas me encantaram mais que sua pintura): "O chute na bunda é o eletrochoque do pobre." Quando uma situação me pesava, eu inconscientemente dava um jeito de ser excluído — depois aprendi que o preço da liberdade, por razões evidentes e decorrentes da própria estrutura da língua, era a *ex-clusão*.

E que só se pode *e-clodir* quando se é ejetado do que é *re-clusão*.

O jogo não passara de uma escapatória a mais para romper a circunferência dos círculos. Eu me afogava para ser tirado do maternal, adoecia para evitar o primário, brigava para ser suspenso do secundário e, quando não colava abertamente do vizinho, passeava à beira do rio nos dias de prova no intuito de ser *ex-pulso,* e com que alívio, da Universidade.

A mesma coisa no amor. Para me desculpabilizar, a ruptura nunca devia parecer ter sido causada por mim quando, na verdade, por minhas palavras ou atitude, eu a tornara inevitável. Conseguira até ser expulso de uma prisão militar onde cumpria pena por um motivo que esqueci. Não é preciso dizer que minha vida profissional não era exceção a essa sorridente fúria demolidora. Eu desenvolvia uma energia imensa para investir contra praças fortes. Assim que as conquistava, meu impulso me impelia a fugir delas.

Eu tinha um terror mórbido das posições adquiridas, da repetição, das certezas. Tudo que comprometia o futuro estragava-me o presente. Dessa vez recebi mais que a encomenda. Perdi o emprego, rompi com os meus, passei a fugir dos amigos e relações e afastei-me dos lugares que freqüentara.

Tábula rasa.

Há anos que corria atrás de minha própria sombra. Precisava tomar fôlego. Ainda não sabia o que desejava, embora já tivesse pago caro para descobrir o que não queria mais.

Muito mais tarde, leria a frase de Lacan: "Os não-patos erram." Naquela época, nenhum outro jogo de palavras teria me caído melhor: eu errava. O nome de Lacan era-me perfeitamente desconhecido. Ouvi-o pela primeira vez da boca de uma moça loura que morava no edifício em frente e que, sabendo que eu a olhava, passeava nua há vários dias diante da janela. Uma tarde fui lá. À noite, perguntou-me se queria ir com ela "tomar um drinque com amigos em casa de Lacan, vai ser gozado". Eu devia ter outra coisa para fazer. Mas por que, tanto tempo depois, lembrei desse nome?

Às vezes, para me lavar das preocupações, voltava a praticar esporte na cidade universitária, onde morara. Não era o único estudante crônico.

Eu adorava o *boxe.* Lutava-se com quem quisesse, sem escolher o parceiro. Um deles desagradava-me particularmente, o que era recíproco. Seus ombros gigantescos, seus 135 quilos e sua força animal impressionante lhe valeram o apelido de "Gordo". Eu não sabia nada sobre ele, salvo que era médico. Com arte cheia de fel, forçávamos, sonsos, os socos e nos acertávamos para valer.

Quando um de nós era duramente atingido, o que acontecia repetidas vezes, o outro se desmanchava em desculpas hipócritas.

A antipatia cria vínculos. Em breve nosso confronto se transferiu do ringue para o terreno dialético. Eu estava certo de que levaria vantagem. Achava-me esperto, considerava-o pesado, eu possuía um passado, enquanto sua crassidão comum, seus ternos de confecção e sua falta de educação, agravada pelo desdém que tinha por esta, pareciam votados a privá-lo de futuro. Era o que eu lhe dizia tranqüilamente, com sadismo.

Ele me assestava um exasperante sorriso plácido. Eu contra-atacava com parisianismo, relações sociais brilhantes, ambientes ecléticos cuja chave possuía, lugares fechados onde desenrolavam tapete vermelho à minha passagem. Ele me dava as costas com tédio, engatava com mitos celtas ou a última caixa de borgonha que recebera. No dia em que perguntei qual era sua especialidade em medicina, confiou-me, como a contragosto e com muitos melindres, que era *psicanalista.*

Ele estava perdido: eu ia poder lhe explicar Freud!

Eu descobrira sua existência aos doze anos de idade ao surrupiar da biblioteca de meu pai um livro de antes da guerra sobre a sexualidade. Do choque de minha leitura, tirara duas conclusões: os adultos mentiam às crianças sobre o único assunto que as seduzia e a cultura não tinha outro motivo além de servir de prevenção contra as pulsões. Estava escrito preto no branco, elas existiam, eu estava livre. A brecha estava aberta. Por toda minha vida eu a alargaria devorando Jung, Freud, Adler, Otto Rank, Ferenczi e os outros — sem procurar aprofundar o que os diferenciava —, bem como as vulgarizações de seus turiferários, que eu colocava no mesmo plano. Alguns breves passes e o Gordo entendia que eu praticamente sabia tanto quanto os especialistas de revistas, quer dizer, nada. Estaca zero. Fez-me a caridade de não deixar transparecer. Em vez de me esmagar, iniciou uma primeira limpeza de emergência por meio de leves toques, abrindo um campo que espicaçava meu interesse, opondo às perguntas muito pueris um súbito silêncio para que me fossem devolvidas por efeito de espelho, abstendo-se de explicar o que eu não estava maduro para entender, generoso sobretudo a ponto de jamais tentar me convencer — em "convencer" há "vencer", mas há sobretudo *"con"* ("babaca").

O babaca era eu.

Com má-fé, eu me agarrava passo a passo para não deixá-lo demolir rápido demais os valores do sistema que, até então, me servira de muleta manca. Era um rude golpe para ele. Para meu narcisismo também. Com o passar dos dias, sem aparentar nada, o Gordo, com luvas de pelica, continuava seu paciente trabalho de sapa. À medida que seu rigor me desentocava dos mais-ou-menos, eu vislumbrava com espanto a extensão de minha ignorância. Baseando-se num signo ínfimo, ele conseguia renovar até o ângulo sob o qual eu via os assuntos mais repisados de minhas próprias terras. Uma noite, durante um jantar, começamos com a negação em Shakespeare para chegar ao impasse de uma vírgula que nos manteve acordados a noite toda. Mas uma vírgula que, segundo sua colocação, iluminava com novas cores o enigma dos destinos humanos, conforme transformava a frase em interrogação ou em afirmação: *"To be or not, to be, that is the question."*

A pontuação clássica (*"To be or not to be"* etc.) consistia num passo de dança entre a vida e a morte ("ser ou não ser") que interpelava Hamlet. A do Gordo (*"To be or not, to be"* etc.) se decriptava sob forma de resposta: apesar da "dificuldade de ser", é preciso escolher a vida.

Nunca tinham me contado esse tipo de coisa na escola, nunca havia lido em lugar algum. Eu ia descobrindo aos trambolhões um saber paralelo de cuja existência até então nem suspeitava. Era-me fechado por insuficiência de conhecimentos. Aterrorizado pela ideia de morrer idiota, decidi atacar com as duas mãos.

Eu dispunha do tempo que quisesse. Embora sempre tivesse ganho meu sustento produzindo artigos, primeiro quis saber se era capaz de escrever. Por "escrever" entenda-se a capacidade de transmitir a um texto a mais elevada comunicabilidade emocional por meio de um material utilizado por todos: a letra.

Usando, quanto à forma, meios simples, sem *literatura* — a palavra deve ser entendida como *rasura da letra.*

Quanto ao fundo, a coragem de ir até o fim, assassinato inclusive, ao desvelar a verdade.

Quando praticada sem máscara, a escrita é um assassinato. Tive esta traumatizante experiência no teclado de minha primeira Smith Corona. Eu desligara o telefone e trancara-me diante de uma folha virgem. Regra do jogo: preenchê-la sem recusar nada do que me vinha à cabeça, fosse qual fosse o perigo de escrevê-lo. Fiquei longos minutos embotado, de súbito privado do apoio do assunto, ainda mais bloqueado quando as primeiras frases se apresentaram.

Não pela articulação das palavras que se ofereciam a mim prontas e acabadas, mas pelo conteúdo das ideias que seu encadeamento provocava. Nada a ver com a escrita automática dos surrealistas cujas palavras fazem música, quando não adquirem sentido apenas no não-senso. O que me acontecia era mais terrível.

Enquanto a função mais corrente da linguagem é ocultar, eu acabava de arrombar o horror do sentido puro desvelado pelo furacão do inconsciente, ao qual abrira recentemente a porta. O uso de meus olhos, tão novos, ainda não me era familiar ("Eles têm olhos para não ver..."); simplesmente, doravante era-me impossível ser cego.

Ao cabo de três horas, a página estava coberta de signos.

Ninguém nunca a leria. Eu estava apavorado por ter sido capaz de produzi-la. Empapado de suor. Tinha cem anos. Mas sabia que, quando chegasse a hora, poderia recriar aquele estado: poderia *escrever.*

Pressionado por uma necessidade irreprimível, já fora conectado, sem saber, com as paisagens do outro lado do espelho.

No espaço de uma noite, redigia peças em um ato onde ocorria uma catarse cujo sentido profundo me escapava.

Uma delas chamava-se *La dame aux rats.*

Era a estória de uma mulher belíssima — a que "não existe" , que morava nos esgotos de Paris (sobre os quais falava do "murmúrio das águas do riacho...") em meio a uma profusão de acessórios luxuosos e barrocos, candelabros de prata maciça, cama com dossel do século XVIII, mesas de ônix, baixela de ouro etc., para escapar à profecia de uma cartomante de bairro que lhe afirmara que era iminente uma explosão atômica. No fundo de seu abismo, à beira da loucura, ladeada por dois animais imaginários, uma iguana e um canguru com os quais fala apaixonadamente, alimenta centenas de ratos de verdade. Passa um homem que conheceu numa festa. É embaixador, julga-a louca, quer salvá-la. Visita-a. Sem fôlego, acaba de descer os degraus de ferro que levam ao abismo...

— A que profundidade estamos exatamente?

— Sessenta e três metros e vinte e sete — responde a mulher.

O Gordo lera a peça.

— Por que 63, 27?

— Por acaso.

— Não existe acaso.

Com veemência, empenhei-me imediatamente em lhe demonstrar o contrário. Um mês depois, saímos de um jantar. Esbarramos sem querer um no outro ao passar pela porta giratória do vestíbulo. Ele suspira.

— Merda, como você é alto... Qual é a sua altura?

— Noventa.

— Quanto dá 63 mais 27?

Jubilei: fora a intervenção do acaso, cuja existência, eu defendia, não havia uma chance em um milhão de que um número coincidisse com a soma de outros dois para dar minha própria "altura-profundidade" .

O Gordo não insistiu. Entretanto, à quinta observação do mesmo teor, tive de admitir a contragosto que o "acaso" estava deixando de ser coincidência e virando hábito. A dúvida começava a me atormentar quando aconteceu o caso do "quatro-quatro-nove".

Ele estava tratando de uma garçonete de uns quarenta anos, quase analfabeta, Sra. B., que perdia regularmente os empregos por desmaiar "sem razão". Claro que percorrera o penoso circuito dos especialistas: "A senhora não tem nada."

Com diferenças de detalhe, continuava a desmaiar.

Por fim, fora parar no consultório do Gordo, pois alguns de seus colegas, com maldade de confrades, enviavam-lhe os "casos importunos" — em medicina, "caso importuno" é o que não se enquadra no campo do saber do médico.

A Sra. B. recitou mais uma vez a ladainha de suas infelicidades. Uma manhã, leva um sonho.

— Idiota, doutor, idiota... Todos os domingos, aposto nas corridas de cavalo. Ora, sonhei que, numa combinação de três números, eu apostava duas vezes no mesmo, no 4. Jogava no 4, no 4 e no 9: quatro-quatro-nove.

Sem entrar nos detalhes da elucidação do sonho, datados e verificados com rigor no decorrer da análise, eis a cena vivida no real e a que remetia.

Uma cena muito antiga... A Sra. B. devia ter entre quinze e dezoito meses. Naquele dia, a mãe a estava acariciando. Chega seu amante. Traz um presente. A mãe recoloca a criança no berço, abre o pacote e fica extasiada diante de um magnífico mantô branco. Estende-o na cama. Admira-o.

Cheia de gratidão, abraça o amante. Apesar dos gritos de protesto da criança relegada, ele quer fazer amor. Ela pede que volte mais tarde. A garotinha grita ainda mais. Para acalmá-la, a mãe a pega no colo e coloca no meio de sua própria cama, em cima do mantô. Acompanha o amante até a porta.

Dão um longo beijo. O amante vai embora. A mãe volta para o quarto, grita de raiva e aplica um duro corretivo à criança: para vingar-se de ter sido preterida e abandonada, a futura Sra. B. tinha sujado o mantô com seus excrementos. Fez caca no mantô novo.

Caca novo. 4-4-9.

Quando me receitam um antibiótico, ignoro totalmente o nome e a dosagem dos ingredientes que entram em sua composição. Simplesmente constato que minha febre cede.

Mesma relação de causa e efeito na análise: "funciona".

No instante em que o paciente é capaz de verbalizá-los, os sintomas neuróticos que o haviam levado ao divã se dissipam. Para além do mito, a simbologia de Sísifo não é senão o balbuciar de um corpo que fala, condenado a repetir até o fim dos tempos o discurso somático da histeria, com sua pele, seus tiques, gestos inacabados, suas câimbras e dores por não poder passar para a linguagem a memória do que fora marcado com ferro em brasa na psiquê.

Muitas vezes, um excesso de cultura serve de escudo para o recalcado. Com a Sra. B., que não tinha nenhuma, o tratamento foi breve. Três meses depois de começado, não desmaiaria mais.

Também houve o caso da estudante.

Embora muito brilhante, fracassava constantemente nos exames. No dia da prova, diante da página em branco, uma súbita paralisia do braço a impedia *fisicamente* de escrever o que sabia, obrigando-a a entregar a folha intocada.

Tendo preservado o anonimato de sua cliente, o Gordo consentiu em me comunicar as referências estruturais do sintoma histérico somadas a uma segunda conversão somática.

Acontecia de a moça ir esquiar em alta montanha. Ela lhe confessou que, chegando ao pico após horas de esforços, dava meia-volta pelo caminho por onde subira, em pânico com a ideia de traçar sua esteira na extensão de neve imaculada. Espaço intacto da folha de papel, espaço liso da neve, o Gordo não demorou a notar a analogia. Nos dois casos, que remetiam a uma das significações do sintoma, a situação de angústia estava vinculada a uma superfície *virgem* que não devia ser maculada por sujeira, alguma, caracteres do alfabeto ou marca dos esquis: *virgem* como a moça que só fracassava nos exames para melhor recalcar a ideia de não mais o ser.

Sobretudo, como a análise mostraria posteriormente, pelo fato de transferir a qualquer pretendente, com o habitual selo da interdição que acompanha a fantasia, o desejo inconsciente do próprio pai.

Minhas aulas mal começavam. Eu descobria, estupefato, uma cultura marginal que estava para a minha como o inconsciente está para o consciente. Grandes blocos de mistério ruíam subitamente. Assim, será que, sem que eu jamais tivesse pressentido, alguns deles não continham a resposta às perguntas que eu me fazia sobre arte, literatura, política e comportamentos humanos ou amorosos? Eu andara em círculos na ética cultural de meu código social. O Gordo me abria um mundo. Eu descobria simultaneamente disciplinas para mim desconhecidas — linguística, antropologia estrutural, semântica, etimologia — e a relação com a análise de seus outros epígonos — etnologia, história das civilizações, religiões, mitos e folclores. "Eu descobria" deve ser entendido no sentido de "eu descobria a existência".

Entender eram outros quinhentos.

No dia em que esbarrei nos textos, a ilusão de minha inteligência se dissipou. Até então percorrera os terrenos familiares onde uma palavra mascarava sozinha a falha de uma ignorância. Assim, outrora toda doença desconhecida era batizada de "febre". Hoje, fala-se de "alergia", "estresse", "vírus". Fenômeno eterno de designação perversa que consiste ou em jogar com os signos que revelam a falta ou em livrar-se do que se recalca rebatizando o que poderia designá-lo. Assim como um pensador negando o pensamento: Alain.

A seu ver, tudo que está relacionado com o inconsciente passa a ser "pensamento louco". "Louco" a ponto de transformar um radical intransigente em reforço involuntário dos teólogos cujo espírito fechado ele denegria. Quando procura descobrir "o homem mais feliz do mundo", só encontra um chefe de polícia, precisamente porque as urgências de seu cargo "não lhe dão tempo para pensar".

Apologia da cegueira temperada por um saboroso silogismo: dado que os cretinos não têm acesso ao pensamento e que, segundo Alain, os chefes de polícia não pensam, poder-se-ia deduzir que todos os chefes de polícia são cretinos. Da mesma forma, e inversamente, por que não afirmar que, se bastasse ser inteligente para fazer fortuna, menos panacas seriam ricos?

O Gordo era profundo e não tinha dinheiro.

A respeito das fontes de seu saber, disse-me que era "lacaniano", que acompanhava os "seminários de Lacan" e participava dos "trabalhos da Escola freudiana". Corri a uma livraria para comprar os *Escritos*. Embora os tenha folheado a noite inteira, não entendi absolutamente nada. No entanto, Lacan parecia utilizar as mesmas palavras que todo mundo, mas a maneira como encaixava seu contexto em lugares enigmáticos lhes conferia uma conotação ambígua que tornava evanescente o sentido da frase, de súbito privada de seus automatismos ordinários.

A alternativa era simples: ou eu era estúpido, ou aqueles textos eram mero delírio.

No dia seguinte, eu declarava ao Gordo que os *Escritos* eram pura algaravia. Eu ainda não conhecia a frase do autor: "Não falo para os idiotas." Toda maestria supõe a aprendizagem de uma técnica que ninguém contesta no caso dos especialistas inclusive bombeiros hidráulicos. Em compensação, quando se trata de linguagem, único bem comum recebido ao nascer, todos imaginam que a faculdade de se exprimir dá direito a compreender, e que o acesso ao som desemboca obrigatoriamente no sentido.

Passavam-se os dias e as estações, eu estava mal comigo mesmo, rebentava por todos os lados como um barco podre, a rendição estava próxima. Uma noite, num restaurante chinês, perguntei ao Gordo com ar falsamente desenvolto se ele podia ser meu analista. Respondeu-me que era impossível porque "nós nos conhecemos demais". Insisti. "Já que é preciso *passar* por isso, prefiro que seja com você e não com outro."

Desenvolveu argumentos que me deixaram perplexo.

Voltando para casa, sentei no chão do apartamento em meu lugar favorito, na frente de minhas caixas. Empilhavam-se até o teto e continham o que no passado havia tido para mim valor de tesouro: livros, manuscritos, objetos, roupas.

Há três anos que não as abria, mas gostava de contemplá-las quando esbarrava num problema. Eram cerca de cinqüenta. Em cada uma de minhas mudanças, precisava de dois caminhões para transportá-las.

Hoje, tantos anos depois, continuam mofando num guarda-móveis, seladas com pregos.

Eu aprendera, no entanto, que não tinha apego a grande coisa.

Um dia, no tempo em que jogava, haviam-me avisado de que "oficiais de justiça viriam no dia seguinte com um mandado de busca e apreensão". Aconselharam-me a colocar fora de seu alcance os "objetos preciosos". Às duas da manhã, eu fizera uma espécie de inventário.

Um "objeto precioso" era o quê?

Descartei imediatamente mobiliário e outros acessórios mecânicos ou domésticos. Encontravam-se em cada esquina, substituíveis. Roupas, idem, nenhum valor. Não podiam "apreender" meus filhos, restava a biblioteca. Eu digerira o conteúdo: por que me agarrar ao continente?

Eliminara quase tudo, salvo uns vinte livros com dedicatórias de amigos. Depois de ter refletido na eventualidade de perdê-los, entendi que, fetichismo à parte, os amigos, como os textos, estavam em meu coração, mortos ou vivos, e para sempre.

Fui para a cama dormir uma noite serena.

Doravante sabia que, como não estava apegado a nada, seria sempre rico. Só amava a vida e a liberdade. Fora estes bens, não podiam me tomar nada. De manhã, os oficiais de justiça não apareceram. Tendo renunciado mentalmente ao que iam me tomar, fiquei quase decepcionado por não terem me livrado daquilo.

Daí em diante, assim como não se joga fora um livro já lido, e talvez porque contivessem fragmentos de meu passado, colocado entre parênteses, ao qual eu me apegava obscuramente, continuei a levar de lá para cá as caixas cujo conteúdo detalhado esquecera há muito tempo — e ainda ignoro qual seja.

Meditei diante delas até o amanhecer, consciente de que eram uma perfeita alegoria de minha situação. Eu estava bloqueado, pregado, ignorava o que se escondia lá dentro. Antes de ir deitar, liguei para o Gordo, que já estava trabalhando há duas horas. "Se não pode ser você, indique-me outra pessoa." Deu-me três nomes. Por que não citar os dois primeiros, já que não têm nada a ver com o caso? Clavreul e Perrier. Ao acordar, no início da tarde, disquei os números na ordem. O primeiro estava ocupado, o segundo, fora de Paris. Tentei o terceiro.

— Gostaria de marcar uma hora com o doutor Lacan.

— No momento não posso incomodá-lo — disse-me a mulher; era Glória. — O senhor pode telefonar às seis?

Acomodei-me diante da montanha de caixas e esperei.

Seis horas. Glória de novo.

— Aguarde um minuto.

— Escute, ele pode me receber ou não?

— Não desligue, o doutor Lacan quer falar com o senhor...

Falar comigo? Eu só queria que ele me recebesse.

Será que os massagistas, dentistas ou alfaiates exigem uma entrevista prévia antes de marcar hora?

Aí, de repente, a voz monocórdia, arrastada, que desdobrava o som de cada fonema. . .

— Sim?

— Eu gostaria de vê-lo.

Enfrentei um longo silêncio.

— Por quê? — perguntou Lacan.

A única ideia que me ocorreu foi que eu estava com as mãos úmidas. Durante pelo menos um minuto, não me saiu som algum da garganta.

Finalmente, me ouvi dizer:

— Não ando nada bem.

III

Alfabético

3

Eu me vestira para seduzi-lo. Tweed, veludo, cashmere. Para aumentar meu charme, até sofria de uma leve claudicação devido a um pontapé recebido num assalto de boxe francês. Era uma questão de honra para mim chegar na hora precisa em que ele me convocara. Ele chegou ao ponto de não me fazer esperar um segundo. Sincronismo perfeito. Mal Glória abrira-me a porta do vestíbulo, descerrou-se o batente da de seu consultório. Trocamos um largo sorriso. Evidentemente, apesar dos pacientes que eu entrevira na sala de espera, ele só esperava a mim. Colocou sua cadeira paralela à mesa. Ocupei a minha.

Cara a cara.

Desde a véspera, eu tivera tempo de organizar minhas defesas. Examinei-o com uma curiosidade *divertida,* cruzei as pernas e acendi um cigarro — não, não o incomodava de forma alguma, passou-me um cinzeiro — e, em algumas frases pudicas salpicadas, como que em virtude da necessidade do relato, de nomes carregados de importância dos quais fazia meu cotidiano, tracei-lhe o retrato brilhante de um diletante talentoso que fora a ele — não estava formulado, mas implícito — praticamente pela conjugação do acaso com a curiosidade intelectual.

Ele pareceu entender muito bem. Estava encantado. Eu também. Quando lhe falava de minhas atividades profissionais no jornal que me empregava, perguntou-me se eu conhecia a Sra. Z., que também trabalhava lá. Nunca ouvira o nome antes, e lhe disse. Perguntou-me à queima-roupa se eu bebia. Fiquei pasmo. Não, não bebia. Vinho, como todo mundo, mas beber por beber, não. Eu era um esportista, como poderia? Ele assentiu de bom grado.

Acendi um cigarro atrás do outro. Ele sempre me passava o cinzeiro. Depois, com um último sorriso, levantou. A entrevista estava terminada. Quanto tempo transcorrera? Uma hora? Talvez mais. Perguntei quanto lhe devia. Embora ninguém tivesse me informado, eu já sabia a cifra que ele disparou. Eu já decidira que seria exorbitante. Foi. Correspondia exatamente ao que conseguira tomar emprestado na véspera de dois amigos tão sem dinheiro quanto eu. Estendi-lhe as três notas, sem surpresa. Desapareceram imediatamente no bolso de sua calça. Apertou-me a mão com um grande sorriso e me disse: "Até amanhã." Respondi-lhe que, infelizmente, era impossível, pois não tinha com que lhe pagar. Continuava a manter minha mão na dele e eu procurava a maneira de retirá-la sem que ele tomasse meu gesto como uma ofensa. Abriu a porta como se não tivesse ouvido e repetiu: "Até amanhã."

Vi-me na rua, com a garganta apertada, perguntando-me se a falta de recursos não ia romper em suas primícias uma relação tão inefável.

Onde eu ia conseguir dinheiro?

Passei mentalmente em revista todas as relações capazes de me emprestar. Eu já aprendera, quando de experiências anteriores, que os tapinhas nas costas, tanto como o prazer dado ou recebido no amor, ficam suspensos assim que nos aventuramos no terreno delicado do numerário. Algum tempo antes eu precisara de apoio financeiro para uma dívida urgente. O empréstimo que solicitava não era por mais de 48 horas, como eu explicara entregando um cheque assinado e pré-datado com esse prazo, prova de minha boa-fé. Dirigira-me no mesmo dia a três pessoas, uma mulher e dois homens.

A mulher era famosa. Cantava e estrelava uma revista. No domingo à tarde, fui ter com ela no camarim. Sempre havia caviar numa travessa de cristal, champanha e vodca gelados. De onde eu estava, ouvia os rumores do auditório que aplaudia. Ela entrava no camarim como um furacão, coberta de paetês cintilantes, beijava-me apaixonadamente, desabotoava minha camisa. Para que não fôssemos interrompidos, seu cabeleireiro homossexual fazia as vezes de leão-de-chácara atrás de uma cortina de veludo. No instante em que ela revirava os olhos, batidas furiosas à porta a arrancavam de meus braços para atirá-la nos de seu público.

No transcurso da representação, a manobra repetiu-se várias vezes. Ela se atirava no sofá e no palco, ia do palco para o sofá. Nos intervalos, eu me consolava com caviar.

Estimei que a intimidade partilhada criava um ambiente de entrega suficiente para que eu lhe falasse de dinheiro com o mesmo despudor com que ela me falava de amor. Apesar de sua fortuna, tive a surpresa de ouvi-la responder que nós dois estávamos sem sorte: naquela mesma manhã tivera de pagar um complemento de impostos que a deixara exangue. Eu receberia meu próprio dinheiro dois dias depois. Perguntei-lhe se podia ajudá-la. Agradeceu efusivamente mas recusou, argumentando que se viraria sozinha.

O primeiro de meus dois amigos era cantor. Tão conhecido quanto a anterior. Seus refrões estão em todos os lábios. Seu ar de criança perdida tinha me incitado a tomar conta dele em seus momentos de depressão — eram muitos. De quando em quando, levava-o a Deauville e era atencioso a ponto de colocar-lhe uma moça nos braços. Às vezes me telefonava às três da manhã. Reconstruíamos o mundo. Gostava dele o bastante para pedir-lhe aquele favor.

Extraordinário, mas os *impostos* tinham batido à sua porta naquela mesma manhã. Desliguei, constrangido por ele. Ligou-me de volta meia hora depois. Acabava de ter uma ideia. Explicando que era para mim, ele poderia pedir a dez de nossos amigos comuns um décimo da soma que eu necessitava, o que quebraria o galho.

Com mil agradecimentos, declinei sua oferta generosa. Meu segundo amigo não cantava. Muito mais velho que eu, fazia outros cantarem: reinava sobre um império de casas noturnas e era considerado o que no ambiente se chama de um "juiz de paz", quer dizer, um sábio, homem honrado cooptado por seus pares para decidir em última instância os litígios dos marginais.

Também não tive sorte: os *impostos.*

Foi o único que me disse a verdade. Alguns dias antes, emprestara uma soma importante a um de meus amigos, que nem era íntimo seu.

Quaisquer que fossem as razões, alegadas ou reais, eu sentira a recusa como uma traição e jurara nunca mais, nem que fosse questão de vida ou morte, dar a ninguém o poder de me magoar se esquivando desse jeito.

Como fiz naquela noite e nos dias seguintes para manter minha palavra? Mantive-a? Esqueci.

Sem perguntar minha opinião, Lacan concluía imperturbavelmente cada sessão com um "até amanhã" que me atirava com as mãos úmidas de angústia no ar cinza da rue de Lille. No dia seguinte, triturando no bolso o dinheiro que conseguira na véspera à custa de horrendas buscas — por quanto tempo eu ia conseguir realizar esse milagre cotidiano? —, lá estava eu em seu consultório.

Mesma perfeita delicadeza de sua parte. Cigarros. Por volta das cinco horas, Glória lhe trazia num pires de porcelana uma xícara de chá e duas tâmaras. Seu tom era tão amistoso que não teria me surpreendido se ele tivesse me convidado a partilhá-los.

Além do chá, ele parecia degustar minhas palavras. Era capital que não houvesse erro de pessoa. Sem parecer exibi-los, eu dava habilmente uma discreta mostra de meus méritos, aventurando-me cada vez mais nas derrisórias paragens onde os asnos, para ter som — no caso, o da própria voz —, tornam-se mais pavões que de costume.

No terceiro dia, em lugar de me fazer entrar diretamente no consultório, Glória me conduziu à pequena sala de leitura do fundo, onde abandonou-me durante cinco minutos entre outros pacientes. Eu os espiava disfarçadamente: quem eram? Por que estavam ali? Será que não sabiam que Lacan estava me esperando?

Assim que me encontrei em sua presença, apontei seu "atraso".

Desculpou-se vivamente, sendo cortês a ponto de se justificar, e concluiu sua frase com um "não sou *responsivo*" que me deixou em plena confusão.

Quando de nosso quinto encontro, e contrariando seu hábito de apertar-me a mão depois de pegar minhas notas, declarou-me à queima roupa.

— Decidi dar-lhe um lugar como analisando.

Olhei-o sem entender.

— Mas eu achava que já tínhamos começado?!

— Levantou-se. "Até segunda", disse ele.

No domingo, percebi que me irritava tudo o que não estivesse relacionado com aquele próximo encontro.

Curiosamente, eu não dissera uma palavra das precedentes a ninguém. Fora a mulher que eu amava — a quem só tive vontade de informar cinco ou seis anos depois —, é preciso dizer que reduzira meu círculo social ao mínimo. Há muito fugia dos contatos rápidos, múltiplos, superficiais e sem futuro a que uma certa forma de jornalismo parece suscitar. Haviam gerado em mim tanta náusea que, se eu tivesse imaginado o inferno, tê-lo-ia concebido como uma cena de ostentação social: um salão de festas brilhantemente iluminado. Os convidados se comprimem. Preso no centro, com um cigarro numa mão e um copo cheio na outra, sou agredido pela dona da casa que faz desfilar à minha frente, para apresentá-las a mim, pessoas que nunca tornarei a ver.

Como eu não suportava mais o perigo dos encontros e seu corolário, a perguntas falsamente preocupadas de antigas relações, decidira mudar de bairro para me dissolver na cidade. Nunca imaginei que fosse tão fácil. As capitais do mundo, que acreditamos nossas porque em alguns lugares nos chamam pelo nome, prestam-se a todos os sumiços. Na verdade limitam-nos no tempo e no espaço, antes de nos reduzir ao invisível, ao quase nada que é a trajetória repetitiva de um circuito, alguns amigos, três restaurantes, utilitários pagos, local de trabalho, locais da noite. Assim que o rei de um microcosmo esquece seus poucos pontos de referência, acha-se anônimo entre desconhecidos.

Com todos os laços rompidos, quer dizer *a-lienado,* eu só obedecia à urgência de me colocar entre parênteses à deriva numa órbita neutra onde não podia mais *nomear,* pois ignorava a palavra que remetia às coisas, o nome que remetia aos rostos, os rostos que me remetiam a mim — quer dizer, a quase nada —, de súbito indiferente ao rumor, surdo aos perfumes, refratário à correria. Meu único projeto era o instante presente. Fora o trabalho que iniciara, não me preocupava com o futuro mais que com meus bolsos vazios, pressentindo talvez que pastar de novo o capim farto do aprisco me privaria da última oportunidade de tornar-me o que era.

Somos o que desejamos.

Mas ignoramos o que desejamos. Nenhum de nós escolheu que nos habitasse esse desejo que ignoramos em que consiste mas que suportamos como a mais singular marca de nosso "eu". Está "escrito". Precede-nos. Entramos em seu campo por meio da linguagem.

Antes mesmo de nascer, estamos votados a, bem ou mal, administrar esse desejo um dia.

Daí a falha.

Pois esse desejo que nos estrutura não é nosso. Ele é, por meio do discurso, desejo do Outro, desejo de um Outro desejante.

Eis por que, seres de desejo, nosso destino é, só poder ter acesso, à *falta-a-ser.*

Aos cinco anos eu pintava. Aos catorze, sonhava com envelhecer. A velhice seria suave. Cada dia transcorrido me aproximaria da maestria total, do instante enigmático em que os criadores geniais por fim atingem a intensidade da cor pura para penetrar, à beira da morte, no coração absoluto de sua vibração.

Aos vinte e oito, numa noite de novembro, no tumulto dos telefonemas, do staccato das Remingtons e da névoa dos cigarros, por uma espécie de desdobramento fulgurante, tornei-me de súbito espectador de mim mesmo e me *"vi"*, com uma guimba na boca, uma espantosa pilha de papéis na mesa e um telefone de cada lado para ouvir sem escutar pessoas cuja identidade ignorava. Transpassou-me a pergunta: onde eu estava?

Na redação de um jornal. Para fazer o quê? Crônicas ditas "parisienses".

Absurdo, eu era pintor. E daí?

O inconsciente não se inscreve numa reta.

Meu pai, para enriquecer o que ele chamava de minha "bagagem" (o que impede de avançar assim que nos deslocamos), sonhava com um saber universal para mim.

Uma manhã, disse esta frase estranha:

— Você talvez devesse aprender estenografia.

— Por quê? Sou pintor.

— Nunca se sabe. Se um dia quiser fazer jornalismo...

Essa troca de palavras não havia durado mais de dez segundos. Eu a esquecera completamente. Quinze anos depois, voltava-me à memória quando o anseio secreto de meu pai — tornar-se *outro* ele também — já estava realizado por meu intermédio.

Tal era o *fatum* dos gregos: viver no real o inconsciente do Outro. Seus *discursos*. Em Delfos, a Pítia, em nome de Apolo, servia de mediação entre os homens e os deuses. Mas os oráculos que transmitia após sua suposta estada no Olimpo não passavam de uma palavra que retomava ao expedidor. Com isto, minha trajetória tornou-se tão previsível que aos dezessete anos eu conseguia minha primeira remuneração publicando *desenhos* num *jornal*. Assim se elaborava a síntese provisória de dois desejos antinômicos — pintura e jornalismo —, por meio de uma solução de *compromisso:* desenho + jornais.

Mas as rupturas são mais exigentes.

Para atingir meus fins inconscientes, dali a pouco tempo li nas *Cartas a um jovem poeta,* de Rilke, o contrário do que diziam. O jovem poeta pergunta: "Como ter certeza de que sou poeta?" Resposta: "Você morreria se fosse privado de poesia?" "Não." "Então", conclui Rilke, "é que não merece ser poeta."

Exatamente o que eu acreditava ter lido. Se eu estivesse com a cabeça no cepo, teria jurado que era assim no momento em que transferia o diálogo a uma interrogação vital: "Você morreria se fosse privado de pintura?"

Para minha grande vergonha, dei a mesma resposta: não.

Decretei no ato que não era digno de ser pintor: minhas tintas tornaram-se então vocábulos.

Meus pincéis, uma Smith Corona.

Vinte anos depois, reli as *Cartas:* nenhum traço do que acreditava lá ter encontrado. Na ficção epistolar de Rilke — respostas a supostas perguntas —, eu *imaginara,* sob medida para mim, um diálogo *que não existe.* Função do erro no campo do inconsciente: no intuito de viver o discurso do Outro, eu chegara ao ponto de inventar uma falsa razão para ocultar minhas próprias aspirações.

Três semanas depois de minha primeira visita à rue de Lille, tornei a me encontrar com o Gordo na piscina. Eu estava tão absorto que quase esquecera sua existência. Ele estava sem notícias minhas desde o dia em que me indicara o trio Clavreul-Perrier-Lacan.

— Onde você andava?

— Comecei a análise.

— Com quem?

— Lacan.

Encarou-me, incrédulo.

— Ele aceitou você?

— O que há de extraordinário nisto?

Abanou a cabeça com perplexidade.

— Achei que ele não aceitava mais ninguém.

— Mas que cara-de-pau! Quem foi que me deu o telefone dele?

Seu assombro me assombrava. Não que eu tivesse, de forma alguma, a sensação de ter sido agraciado com um favor — o preço de nossos encontros era certamente um argumento de peso neste sentido —, mas porque me parecia normal que um profissional acedesse a todos os pedidos. A fama de Lacan ainda não tinha nem me passado pela cabeça, como tampouco o fato de seu tempo não ser extensível. Estava louco para contar ao Gordo nossos primeiros tête-à-tête.

Senti imediatamente sua reticência. Por que ele procurava desviar a conversa? Faláramos do assunto mil vezes. De repente, quando por seus cuidados eu me achava em plena análise, ele bancava o desinteressado. Sem sequer me dar tempo de perguntar-lhe a razão, resmungou umas desculpas e deu meia-volta pretextando um compromisso urgente.

Antes, naquela segunda-feira, eu estivera com Lacan e percebera uma indefinível mudança de atitude em relação a mim. Na hora não teria sabido precisar em que consistia. E, a bem da verdade, era-me indiferente aprofundar o assunto. Lacan continuava afável, atencioso, caloroso. Talvez seus silêncios fossem mais prolongados. Imperceptivelmente, transformavam nosso diálogo em monólogo: eu falava. Ébrio com meu próprio discurso, duplicava seu caudal para impedir que ele me interrompesse.

Naquele tempo, eu ainda não aprendera a escutar.

Mais tarde, deveria mendigar a aquiescência de um abrir e fechar de olhos, a desaprovação de uma expressão facial.

Contudo, é notável que, enquanto eu estava muito ocupado me escutando e não tinha qualquer possibilidade de me ouvir, algumas de suas intervenções tenham ficado gravadas em minha memória. Foram feitos pouquíssimos estudos sobre o cérebro dos papagaios. Sabe-se apenas que têm acesso à reprodução dos significantes; em outras palavras, que podem "repetir" os sons. Eu partilhava com eles esse dom acústico. Porém não tinha, não mais que eles, o privilégio de, a partir dos sons, ter acesso a seu significado, quer dizer, ao sentido.

Eu mal havia chegado à décima sessão quando Lacan se deu o luxo de proferir uma frase fora de meu alcance, precisamente porque sabia que eu não podia entendê-la. Como de costume, eu devia ter disparado numa longa tirada metafísica quando desemboquei de repente numa pergunta cujo enunciado me deixou silencioso assim que a formulei, como se fosse dirigida mais a mim que a ele próprio:

— Existe alma?

Eu esperava um sorriso, no melhor dos casos.

Tive direito a uma resposta:

— A psiquê é fratura, e essa fratura, o tributo que pagamos por sermos seres falantes.

Eu não tinha chegado nem aos algoritmos, nem à metonímia, nem aos matemas — Algoritmos? Matemas? Metonímia? —, mas percebia confusamente que por trás dessa formulação ocultava-se um enigma.

Infelizmente, faltavam-me as chaves.

A que fratura aludia? Que relação havia entre um tributo e a linguagem? E como o fato de ter a qualidade de "ser falante" implicava como corolário a noção de "tributo"?

Um tributo para pagar o quê? Que dívida? Que erro?

Sopesei a frase com desconfiança sem fazer um esforço especial para memorizá-la.

Se posso citá-la tanto tempo depois, é que pressentia talvez a densidade do sentido e não duvidava de que este me seria revelado quando eu fosse capaz de decifrá-lo — assim a fé nos prende a quem é *"suposto saber"*.

Na verdade, ela continha várias linhas mestras da elaboração lacaniana, barra que separa para sempre significante e significado, relação dessa clivagem com o inconsciente "estruturado como uma linguagem", *refenda* do sujeito já dividido por sua procura de uma transcendência que o faz erguer a estátua de seus deuses contra o vazio da morte e inventar-se uma alma.

Ninguém gosta de evocar as próprias falhas.

Mas como silenciar sobre a "inocência" de meu começo em relação à análise?

O alfabeto consta de vinte e três letras. Para saber disto, ainda é preciso não ignorar a existência do próprio alfabeto.

Sem conhecê-la, eu contudo percebia seus primeiros efeitos sob forma de uma sombra imensa, desconhecida: a sombra da letra "A".

É assim. Por que não dizer?

Desde então, aprendi que todo deslocamento no campo de um saber implica, como preâmbulo, o difícil reconhecimento das próprias carências.

— Até amanhã — disse Lacan.

— Não posso.

— Levantou uma sobrancelha.

— Não tenho dinheiro — acrescentei.

— Até amanhã — repetiu enquanto abria a porta.

4

Encontrei todo tipo de gente na sala de espera de Lacan. Às vezes atravancavam a escada, sentados nos degraus, perdidos num sonho interior do qual minha passagem não os tirava.

Cago em vocês, seus merdas, cubro vocês de excrementos.

Melhor: enrabo vocês.

Não são insultos, mas sinal de um despertar.

O despertar é uma ruptura de discurso.

Para provocá-la bastou eu introduzir algumas notas fora de tessitura na gama do *texto.*

Sua própria violência, sua situação *fora-do-texto,* produziu o choque.

Assim procediam os mestres zen: aos pontapés. E o pintor, votado a tanto cinza pelo grito de um só vermelho.

A literalidade pode revestir todas as cores.

Porém, para manter a coerência, só pode escolher *uma.* Uma palavra *à margem* faz o discurso em seu conjunto cair no *fora de sentido* onde a loucura nos interpela.

Inversamente, num texto que reivindica a perversão, um único substantivo abaixo do tom nos revela o lugar da enunciação onde o recalcamento constitui limitação. Em *Le Bleu du ciel,* Bataille escreve, a propósito de uma mulher que se despe e o excita: "Eu olhava seu traseiro nu com o fascínio de um garotinho: nunca vira nada tão puro, tão pouco real de tão bonito que era." Dada a liberdade de sentido que precede e segue o trecho, pode-se imaginar, lendo a transcrição, o embaraço em que esse *traseiro* deve ter mergulhado aquele que o admirava, pois não ousou chamá-lo de *bunda:* ali onde a pontuação do *vulgar* teria sido necessária, o autor se esquivou.

Dentro de um *gênero* — romance, ensaio, poesia, discurso político ou universitário —, a literalidade tem de ser tão monocromática quanto o código lingüístico que solda a identidade do grupo que este designa.

Habitamos a linguagem, a linguagem nos habita.

Mas ali coabitamos em bairros privativos onde qualquer mudança de tonalidade implica rejeição — quer dizer, escândalo — e o que a sanciona: o intolerável retorno a uma realidade eludida. No início de minha relação com Lacan, esse vínculo reatado — ao mesmo tempo rejeição, escândalo e retorno — era o dinheiro que eu lhe dava.

Até então, a meu ver, como tão bem ressalta a expressão popular, "o dinheiro era merda".

Nem fim em si mesmo, nem meio de circulação da riqueza, tampouco símbolo de uma aquisição e ainda menos metáfora fálica. Uma simples entrada que se paga para gozar o jogo.

Lembro-me das mãozinhas numa suíte de hotel luxuoso, das notas amarfanhadas, que não significavam nada, esvaziadas aos punhados na gaveta de uma cômoda num sursis frágil — na gíria dos cassinos, diz-se que é dinheiro dormindo fora de casa —, e dos dias de azar, da idiotice das palmeiras, da decepção da alvorada, da nota assinada para um funcionário moroso no intuito de fugir mais depressa e prolongar a noite. Dinheiro *a-lienado,* pois nada o liga ao que deveria ter-lhe dado origem — talento, ideias, esforços; só tem relação com a sorte, que não vem de mim, é-me *exterior.*

Lacan de pé no vão da porta. O cerimonial das notas colocadas em sua mão no limite exato para que cada analisando sopesado por ele possa sentir a restrição, nem de menos nem de mais, e, por seu intermédio, executar o *retorno ao real.*

O meu caso era a bola que me comprimia a garganta quando eu lhe anunciava como preâmbulo que não tinha com que pagar a sessão. Suponho que, já no início do tratamento, ele modulava a tarifa de acordo com a cara do cliente, conforme sua angústia ou seu provável status social. Alguns francos para a tortura dos menos privilegiados, fortunas para a segurança que os outros ostentavam: era preciso que a soma exigida, qualquer que fosse na prática o volume de recursos, avançasse sobre o limiar além do qual, não sendo mais residual, *incomodasse, privasse.*

Somente por esse preço ela limpava o terreno e libertava do jugo do agradecimento. Recomeçava-se de zero: ninguém devia nada a ninguém.

Restrições. Ele sabia que eu levantava tarde.

— Até amanhã às seis.

— Combinado.

— Seis da manhã.

— Escute. . .

Apertava-me a mão. No dia seguinte, eu saía de casa sem ter pregado o olho. Ele repetia o experimento até ter certeza de que eu me habituara com sua exigência. Teria sido preciso mais para me fazer desistir: eu estava fisgado.

Se tivesse me pedido que fosse ter com ele nos antípodas para uma entrevista de vinte segundos por dez milhões, eu teria conseguido o dinheiro e ido. Quando têm essa força, os vínculos da transferência não podem ser cortados. Eu não me colocava o problema nesses termos, não tinha escolha: era uma questão de vida ou morte.

Teoricamente, contudo, é tão fácil interromper...

Quando ocorre, a ruptura acontece assim que o perigo se manifesta. As certezas se fendem. O analisando também.

Mal pressente que a verdade que fora encarar principia a se desvelar, desiste de olhá-la de frente. Está apenas iniciando a travessia, mas suas pernas já se dobram. Olhar ansioso por cima do próprio ombro. Bastaria recuar alguns passos para recuperar, intactas, as ilusões securizantes que forjavam seu ego de muletas, vitórias do outrora, escudo cultural, pára-vento social. Diante dele, o negrume absoluto. Nenhuma certeza de ver um dia o fim do túnel — quem lhe garantiu que havia fim?

A dúvida sopra a resposta: por que não voltar atrás? Essa dúvida não é gerada pelas incógnitas, mas pelo peso sufocante, do medo. Para melhor recalcá-lo, o enterramos sob uma bateria de pretextos cuja acumulação acaba justificando a eventualidade da fuga. Cedendo-se a ele, paga-se com uma ferida aberta que destilará amargura, até o infinito.

Um coelho me preservou do desastre de minha covardia.

Jazia no fundo de uma vala no frio de inverno glacial que endurecia uma lúgubre planície de geada. Aproximei-me. Ele estava lastimoso na morte, gelado, rígido, com o pêlo cinza, roído pelas traças, soltando-se por placas. Estendi a mão: o cadáver teve então uma espécie de espasmo que impediu meus dedos de roçá-lo. Pasmo por ele conter uma derradeira centelha de vida, quis, dividido entre o horror e a compaixão, pegá-lo no colo para o aquecer. Novo sobressalto.

Pesadamente, ele se ergueu e claudicou de modo lamentável na terra queimada pelo gelo.

Quanto mais eu avançava em sua direção, mais ele se afastava em pequenos trancos desajeitados. Entretanto, eu não ia lhe fazer mal algum, mas apenas ajudá-lo, abrigá-lo, cuidar dele.

Salvá-lo.

Não houve meio. Por mais que eu me esforçasse em alcançá-lo, ele sempre me escapava, gerando em mim um indizível sentimento de angústia. Quando acordei, o coelho estava tão longe de mim quanto todo sonho que escapa. Este, um dos primeiros que a análise suscitou, estava ao alcance de qualquer um, inclusive ao meu. Não precisava de decriptagem alguma e não apresentava mais mistério que uma folha de exercícios para crianças do maternal.

Eu só podia estar mesmo arrasado: não vi logo com clareza nem a mensagem que o sonho continha, de certo modo um lamentável levantamento do meu estado. Porém, sem que eu fosse capaz de distinguir a razão, parecia-me que o coelho não merecia ser atirado à vala comum dos sonhos mortos.

Muito tempo depois, através das mil ciladas que me armavam, consegui alcançar um a um a maioria de meus sonhos. Quanto mais os penetrava, mais sofisticada se tornava a elaboração das metáforas que compunham a trama manifesta dos seguintes, para que o sentido permanecesse vedado *a* mim. Precisei de muito tempo para perceber que, apesar da incrível variedade do enredo, em sua latência, sempre me contavam a mesma estória. Assim que eu os desvendava, mudavam o código de seu silabário para manter uma vantagem sobre a eventualidade de uma nova interpretação, uma *distância.*

Sua função dupla era manter-me desperto enquanto, ao mesmo tempo, me protegia de revelações por demais precoces até ser hora de digeri-las. Ou então, para melhor zombar de mim, tudo ficava ridicularmente simples. Instaurava-se então entre o sonho e mim, sonhado e sonhador, uma dialética em que a limpidez das evidências oferecidas não passava de uma camuflagem adicional do recalcamento que a motivara.

Durante um período particularmente tormentoso, eu colocara no pé da cama um gravador para não esquecer os conteúdos manifestos. Quando a violência de um sonho me projetava na bruma de um semidespertar, eu balbuciava os elementos narrativos e tornava a adormecer. Feito isto, é uma questão de rébus: as imagens ópticas nos remetem a imagens acústicas cujos fonemas e morfemas, articulados de outro modo, ligam-se de repente para criar um sentido novo. Uma frase célebre poderia ilustrar a ambigüidade desse jogo do significante. Foneticamente, ela é percebida assim: "Je pan se don je sui." Porém, conforme o acaso do jogo da sintaxe, a escrita nos dá dez significados diferentes — a começar pelo correto — "Je pense, donc je suis.Je panse, donc j'essui", "Je pends ceux dont je suis", "Je panse donc jeu suit", "Jeu, pense donc, j'ai suie", "Jeux, panses, dons, Jess, huis", "Jepp, anse. Donge, suie" "Je pense, Donge essuie", "Je panse, danger suit", "Jeux, pense donc, jeux-suie", "Je pense, donc j'essuie" etc.*

* "Penso, logo existo". "Curo, logo enxugo", "Enforco aqueles de quem sou", "Curo, logo jogo segue". "Jogo, pense, logo, tenho fuligem", "Jogos, panças, dons, Jess, porta", "Jepp, alça, Donge, fuligem", "Penso, Donge enxugo", "Penso, perigo se segue", "Jogos, pense então, jogos-fuligem", "Penso, logo assôo" etc.

No início do século, deixou de ser feita uma junção capital.

Era 1905. Em Viena, um médico lutava para que os círculos científicos reconhecessem uma nova terapêutica por ele batizada de "psicanálise".

Em Paris, no mesmo momento, no mesmo ano, um professor obscuro dava aulas na Sorbonne a um parco punhado de alunos sobre uma disciplina que acabara de criar de a a z, a "linguística". A ironia do destino fez com que os dois homens nunca se encontrassem — a crônica nem diz se um dos dois ouvira falar do outro.

O primeiro era Freud. O segundo, Saussure.

Dois momentos-chave da história do pensamento.

A corda, a caçamba.

Mas, estranhos um ao outro, inúteis, clivados em sua singularidade quando só podiam operar sendo dois fundidos num só pela complementaridade de sua função estruturante.

Colocar o hífen entre ambos não foi o menor mérito de Lacan. Contudo, até ele postular que "o inconsciente é estruturado como uma linguagem", ninguém parecia perceber que aqueles dois marcos, apoiando-se mutuamente numa dialética inaugural, abriam, por fim ligados, o caminho mais propício a uma lógica inédita da investigação. Antes, analista e lingüista, fechados na especialidade que lhes era própria, ignorando a existência um do outro, cultivavam seus guetos.

Na piscina da cidade universitária, encontrava-me frequentemente com um rapaz romeno que era excelente nadador. Chamava-se Frantz e ocupava uma cátedra de linguística diacrônica na universidade de Vincennes. Seu saber teórico era inesgotável. Sem explicar-lhe por quê, crivei-o de perguntas sobre pontos precisos que ligavam análise e linguística. Um dia em que caminhávamos pelo parque, tentei atraí-lo para meu terreno falando, a respeito da semântica da metáfora e da metonímia, sobre a função de deslocamento e condensação que dava ao sonho e à língua a mesma identidade estrutural. Para meu espanto, ele pareceu não entender o que eu dizia. Perguntei-lhe então se estava a par das aplicações terapêuticas da matéria que ensinava:

— Mas Frantz, para que serve a linguística a seu ver?

Pensou um instante e assestou-me, como quem diz o óbvio:

— Para formar linguistas.

No *quattrocento,* um cérebro humano — o de Da Vinci, por exemplo — era capaz de abarcar a massa dos conhecimentos de seu tempo: arte, física, anatomia, arquitetura, filosofia.

Hoje, qualquer avanço num saber dado é pluridisciplinar. Paradoxo: nenhum de seus fragmentos une-se mais a um todo — cada "especialista", fechado ao resto, só detém uma ínfima parte — mas, para progredir no estudo de uma dessas partes, parece necessário ter acesso a todas as frações do conjunto.

Já deve ter ficado claro que a redação deste livro não obedece às leis da cronologia ou da primazia da anedota — nem sequer por intermédio dos sonhos interpretados —, como tampouco aos elementos de minha história pessoal (só aparecem para melhor designar a topologia do ponto zero), e ainda menos ao ordenamento de uma hierarquia que os fizesse entrar em cena em ordem de importância.

Em *A rendeira,* de Vermeer, o quadro inteiro se organiza em torno da única coisa que o pintor não nos mostra: a agulha com a qual a rendeira borda.

Suprimindo esse ponto central invisível, a tela desaparece, não *significa* mais.

Neste texto, Lacan tem um pouco o papel dessa agulha.

Mesmo quando parece ausente, continua sendo o ponto focal ao redor do qual tudo é gerado e organizado. Causa da escrita, é também seus efeitos. Em outras palavras: embora onipresente, não se encontra necessariamente onde está, mas antes no lugar onde não parece estar, no corpo mesmo da *letra.*

Todas as relações humanas articulam-se em torno da depreciação de outrem: para ser, é preciso que o Outro seja menos.

O *"dois"* chama uma correlação de forças. Se você for menos, eu serei mais, se você for mais, eu não serei o bastante, se você for demais, eu não serei mais. Lacan sempre reivindicou a volta a Freud.

Supondo que seus trabalhos tivessem se situado na mesma época e que tivessem vivido no mesmo espaço de pensamento, parecia-me impossível que, apesar das qualidades de ambos, a fatalidade da lei do "dois" os tivesse poupado.

— No fundo — disse-lhe eu —, basta colocar dois caranguejos na mesma cesta para que se devorem. Nem você escapa disto.

Olhou-me com atenção.

— Suponha que Freud ainda fosse vivo. Vocês dois procurariam se demolir. Seria uma guerra.

Depois de várias estações, eu notara que ele nunca se esquivava ao ser questionado ao nível de uma ética: esse tipo de pergunta fazia parte de minhas pequenas alegrias. Após um tempo de reflexão, respondeu-me vivamente:

— Nada demonstra que ele me desaprovaria.

Fora as estratégias de sua clínica, ele jamais era neutro, ignorava o significado da expressão "solução de compromisso" e funcionava depressa demais para não ferver de impaciência: o mundo era excessivamente lento.

Ele gostaria que todos entendessem como ele, de maneira instantânea. Às vezes, por causa dessa turbulência interior, explodia por um nada.

Com Glória, que deveria se encontrar no consultório antes mesmo que ele a chamasse — ela não se submetia e o enfrentava até ele abaixar o tom em reviravoltas cuja rapidez me deixava pasmo (ele nunca teimava quando sentia que estava errado ou prestes a cometer uma injustiça). Ou quando estava às voltas com os aborrecimentos do cotidiano, uma gestão administrativa, os chatos que o incomodavam durante as sessões apesar da filtragem, à indolência de uma telefonista.

— *Quelle conne!**

Ele lera uma de minhas peças. Algum tempo depois, assombrou-se por esta não ter sido encenada. Citei-lhe o nome de

* Que babaca!

uma atriz muito famosa e venerável — ele a conhecia muito bem — a cuja apreciação eu submetera o texto e que o recusara.

Saindo do sério de repente, ergueu os olhos para o céu, deu um suspiro exasperado e disparou:

— *Quelle conne!*

"Con", "conne", adjetivo cujos dois braços da etimologia, sem relação aparente, no entanto se cruzam, ligados por uma obscura raiz comum sepultada na noite das origens da linguagem.

Primeiro em grego, *hysterikon* — de onde nos vêm "histeria" e "útero" (designando os órgãos da gestação feminina) — cujo uso e desgaste fonético só conservaram o *con* da última sílaba.

Por extensão, o *con* desse *hysterikon,* como nos indica sem equívoco seu sentido *vulgar,* refere-se a tudo que está relacionado com a ausência de pênis. Para um grego, tratar alguém de "con" equivalia a despojá-lo simbolicamente de seus atributos viris; em outras palavras, a castrá-lo.

Depois em alemão, numa origem muito antiga, de onde derivou a palavra *ecke,* "canto" (substantivo que, notemos de passagem, é do gênero feminino).

A relação entre a castração e um canto?

Um *con* num triângulo.

Por que um *con,* por definição, é *a-canto-ado* — não pode ir além de um canto.

Mas assim que uma terceira reta fecha as duas que deram origem ao canto, bloqueando-o, este se funde com o outro triângulo fantasístico da castração, o púbis feminino, o *con de hysterikon.*

— *Quel con!*

Lacan utilizou a expressão duas vezes quando citei o nome de personagens tão ilustres como cheios de si que ele se recusara a aceitar como analisandos e eu sabia, sem seu conhecimento.

Três meses depois do início das sessões, a maioria dos sintomas aparentes que me haviam levado a seu consultório tinham desaparecido. Parece que eu era "fóbico". O Gordo me revelara. Tinha razão. Minha vida era tecida de sensações desagradáveis quando ocorriam certas situações-tipo, a maioria das quais procedente de uma *comédia social:* entrar numa mercearia, dizer bom-dia, eu queria um pacote de café, estar numa multidão, chegar na hora, participar da mais derrisória restrição com norma de vestuário engravatada, dar de cara com alguém com quem não tinha vontade de me encontrar, fingir, por cortesia, interessar-me por diálogos convencionais cujo morno encadeamento pergunta-resposta conhecia de antemão.

Torturas benignas que me deixavam arisco, com a testa úmida, devastado por uma irreprimível vontade de fugir.

Na verdade, elas só haviam se dissipado momentaneamente sob a pressão específica de um tempo do tratamento. Mas, na mesma hora, com novas delícias, eu brincava de sentir o alívio causado por sua ausência: "Duas bisnagas, por favor, seis iogurtes e um tablete de manteiga": a volúpia de um reumático que se livrou de um lumbago.

Confessá-lo hoje me faz sorrir: continuo tão fóbico quanto antes. Mas, nesse meio-tempo, negociei com minhas fobias.

Ou não me coloco mais em situações em que tenha de aguentá-las ou, se for obrigado, considero-as como o *acidente de um tempo vazio,* suporto-as com a resignação entediada que as fatalidades exteriores merecem.

À época em que deixei de senti-las, não eram senão os sinais de alarme de estragos mais profundos que não tardariam a se manifestar.

Mas eu ainda não sabia.

Com olhar fixo, continuava a subir quase todos os dias os degraus em caracol do número 5 da rue de Lille.

Os dois salões de espera estavam sempre atulhados de pacientes mergulhados em seus pensamentos. Só se pode descrever o que se imagina. Eu estava lá para estar em outro lugar: mesmo fazendo um esforço, não lembro de nada. Nem da cor das paredes, nem do número de cadeiras, como tampouco da posição das luminárias — havia luminárias? —, do tom do carpete ou da colocação das mesinhas.

Uma ou duas vezes me "esqueceram" na biblioteca do fundo. Por quanto tempo?

Não sei.

Se Glória não tivesse me "descoberto" (mas o senhor está aí, vou avisar o doutor Lacan, ele já ia embora), esquecido do passar do tempo, talvez eu ainda lá estivesse.

5

Nossas posses nos possuem.

Por terem entendido mal, alguns, que possuem demais e não gozam o suficiente, atingem o ponto de inflexão em que o dinheiro, antes *meio,* torna-se *fim* em si. Ricos de milhões, consomem-se até o coração parar para captar o dobro: calculando em cifras o infinito de sua falta, atravessam a barreira que separa a *necessidade do desejo.*

Limitada, a necessidade os limitava.

Infinito, o desejo os a-liena.

Acontece com o dinheiro como com a análise. Existe uma zona sutil de derrapagem em que fim e meios, trocando de lugar, intervertem a lógica de sua função. Às vezes acontece que, de tanto falar, os que falam se transformam em profissionais do divã como os que escutam. O verbo, sua prática, sua duração e sua tarifa, transformados em fim em si mesmos, razão de viver, acabam constituindo uma reviravolta perversa da estrutura essencial de uma existência onde o real, reduzido à irrealidade da letra que o mantêm a distância, só se manifesta para melhor eludir-se no fluir do discurso.

O próprio analista não está a salvo do contágio.

Assim como os analisandos não poderiam prescindir dele, será que o analista, fantasisticamente protegido da morte por sua demanda, poderia sobreviver sem essa muralha de almas penadas, que o procuram para que nomeie seu desejo?

O que é feito do desejo do analista, sabendo-se que nessa dialética, por definição fixada no não-agir, ele ocupa o lugar do morto onde sua própria vida se esquiva? Protegida. Cortada. Fechada. Alguns, sentados há tempo demais na margem, assumem o risco supremo de lá ficar. Mestres que ensinam a agir incitando a uma ação que lhes escapa, espectadores neutros cuja vida se dilui no fluir do discurso do Outro sem que o choque ardente de sua pulsão — esperma e sangue, latido do coração, dilaceramento, ferida — os atinja mais depois que saem — saem alguma vez? — do consultório.

Eu lhe falava da função do santo, da ascese, da renúncia, do *recolhimento*. Ele dava de ombros:

— Trata-se de pura perda.

Era preciso ter a excepcional envergadura de Lacan para passar de uma margem à outra, analisar, lutar, duvidar, indignar-se, viver, procurar, gozar, sofrer. Atravessar incólume os círculos entrelaçados das três ordens determinadas por ele: simbólica, real, imaginária. E, de volta da loucura, aterrissar sempre no rigor absoluto da palavra plena, intacta, a fim de que tudo se abra de novo em outro lugar, sobre outra coisa.

Um dia passei mal e lhe contei para cancelar a sessão do dia seguinte. Com uma rapidez que me deixou pasmo, providenciou um atendimento de urgência em que em algumas horas, abriram-se milagrosamente portas que deveriam ter ficado fechadas e pessoas que eu nunca vira começaram a me tratar como se eu lhes fosse infinitamente precioso, porque tinham ouvido uma palavra de sua boca.

Pai. Deus Pai.

Eu estava com quinze meses, talvez, ainda me lembro.

Meus pais tinham me deixado por uma noite na casa de uma amiga.

Desencadeou-se um temporal. Meu pai voltou para me buscar. Tiraram-me da cama. Meu pai me pôs nos ombros sem o mínimo esforço, protegeu-me da chuva e, percorrendo a passos largos e seguros as ruas mortas da aldeia, enfrentou a noite até nossa casa. Minúsculo, balançado, ébrio com aquela formidável força em marcha que vencia a tempestade, senti, naquela noite, a intensidade de uma proteção total. Estou falando por analogia, por aquela irradiação de energia sentida a anos-luz de distância pela criança que fui, aconchegada no colo do pai, e o homem que eu era, de novo criança ao sentir uma potência idêntica. Nos dois casos, a mesma certeza: nada podia me acontecer.

Circulavam rumores... "Parece que há muitos suicídios entre os pacientes de Lacan." Ao aceitar escutar os que iam morrer, ele era um dos raríssimos a aceitar o risco de sua inelutável quebra.

Quase nenhum outro analista, para não manchar com um óbito seu cartão de visitas, ter-se-ia aventurado, uma vez sequer, a enfrentar um único de seus olhares, a assumir o desafio de um desses "seres-para-a-morte" .

Eu notara no consultório uma moreninha rechonchuda, brincalhona, vestida de maneira indiferente com tecidos envelhecidos que não deviam ter custado caro. Mentalmente, batizara-a de Marcelline.

Repetidas vezes nos encontráramos na biblioteca do fundo onde se escondia, na sombra de uma estante, um livro de Ania Teilhard sobre a interpretação dos sonhos.

Eu o procurara em Paris inteira. Em vão. Como não tinha coragem nem de roubá-lo nem de pedi-lo emprestado a Lacan, devorava-o durante a espera, maldizendo a pressa de Glória que, chamando depressa demais, tirava-me de seus segredos. Uma noite em que ela me fizera passar à biblioteca, quis pegá-lo em seu lugar habitual: não estava lá.

Sentado num canto, percebi então que a rechonchudinha o tinha nas mãos. Glória veio me chamar.

Mais tarde, na rua, na soleira da porta da garagem, esperei "Marcelline".

Apareceu, abordei-a.

— Vai em que direção?

Meu carro estava estacionado na calçada, Chovia.

— Montparnasse.

— Eu também.

Era mentira.

— Se quiser, posso lhe dar uma carona.

Ela entrou no carro.

Rue des Saints-Pères. Curva para a esquerda, boulevard Saint-Germain. Rue de Rennes.

— Está com Lacan há muito tempo?

— Seis meses.

Limpador de pára-brisas e chuva. Amaldiçoei-me pelo peso de minha pergunta. Mas queria saber. Boulevard Raspail.

— Foi grave?

— O quê?

— O que a levou até ele.

Riso desiludido.

— Eu tinha atravessado uma janela.

— Um acidente?

O riso, outra vez.

— Não, pulando.

Olhadela rápida de minha parte. Ela estava natural, serena.

Em tom de brincadeira, para disfarçar meu constrangimento:

— De que andar?

— Oitavo.

Tirei um fino de um carro.

— E sobreviveu?

— Por causa da criança. Estava com ela no colo. Foi quem absorveu todo o choque.

Os grandes sofrimentos como esse nunca encontravam a porta de Lacan fechada. Nos casos agudos de padecimento, ele ficava com a vida nas mãos, a vida dos outros. Se as abrisse, se cometesse o mínimo erro de apreciação, pronunciado uma palavra desajeitada, prolongado um silêncio, insistido num olhar no momento errado, tudo podia cair no nada: quantos desses condenados ávidos da própria morte, votados à morte, mortos quase, e que ele arrancava da morte para, vindo de muito longe, trazê-los à praia, teriam sobrevivido sem sua intervenção?

Havia outro rumor no ar: "Acontece de as sessões mal durarem dez segundos."

Às sessões curtas foram criticadíssimas.

Atropelavam muitas ideias convencionais, de modo que era impossível não deixarem pasmos os que tiravam suas certezas das leis de um *uso*. Por causa delas, indiretamente, provoquei a revolta de meu editor. Eu fora parar por acaso num programa de televisão onde o outro entrevistado era uma psicanalista suíça. O programa durava uma hora. Ela na primeira, eu na segunda. Uma notável de cabelos brancos.

Respeitável, grisalha, didática, dogmática.

Esperando minha vez para falar de um romance recém-publicado, escutava-a semi-entorpecido quando ela proferiu a seguinte frase: "Comigo é muito simples. As sessões duram quarenta e cinco minutos. Coloco uma ampulheta na minha mesa. Quando escoa o último grão de areia, acabou."

Saltei de indignação: como se podia entregar ao arbítrio de um grão de areia o efeito de pontuação de um encerramento de sessão? Do alto de seus quarenta anos de certeza, num tom de desprezo irritado, colocou-me rispidamente em meu lugar — o mais baixo. Nas nuvens, o apresentador se empenhou em atiçar a querela até o momento em que o ouvi dizer: "Agradeço-lhes a participação em nossa emissão. Semana que vem etc."

Então a hora havia passado: envolvido no debate, nem uma única vez lembrara de citar o título do livro que me levara ao estúdio.

No começo, Lacan me deixava falar o quanto eu quisesse, não hesitando em encorajar-me se sentisse uma hesitação, uma flexão. Numa segunda etapa, como o que eu menos desejava era ouvir o que ele tinha a me dizer, era eu que o cortava febrilmente assim que ele queria me interromper. A seguir, fui submetido a sua lei: a verdadeira elaboração do trabalho ocorria sobretudo nos intervalos entre duas sessões. O consultório só tinha papel de catalisador. Bem depressa entendi o sentido de escansão de uma palavra cortada no coração de uma frase cujas sílabas me habitariam até se revelar de modo fulminante uma interpretação. Lacan levantava-se de repente, era lá que eu tinha de procurar, naquele ponto preciso de suspensão que ele me indicava. Podia acontecer a qualquer momento, assim que eu me aproximava de uma saída cuja abertura ter-me-ia permanecido invisível sem a extensão repentina de seu corpo, a cadeira afastada e o suspiro de agonia que lhe era familiar. Dez segundos, vinte minutos? Eu ignorava. O tempo não estava em jogo: quando falta a intensidade, poderia muito bem ser o tempo sem duração da morte. Percebi então que a noção de *incerteza* que ele introduzira nas sessões curtas na verdade tornava a criar a função mesma da vida: fazer com que as coisas se *mexessem* ao reproduzir os *acidentes* que a tornam viva, precisamente porque tudo fica precário, incerto, e nada é dado, nada é estabelecido. Por oposição, a rotina securizante da hora fixa parece-me, depois dele, como um *conforto* que não é alterado nem pelo tropeço do mutismo nem pela petrificação do já-dito requentado na monotonia de um balbuciar.

No transcurso de sua existência, o ser humano só possui uma certeza: a da morte.

Por silogismo, é fácil deduzir o desejo inconsciente de morte metaforicamente contido em toda busca de certeza. Quando um rapaz de vinte anos aceita preencher o desconhecido de seu desejo com um plano de carreira que independa dele — ao beirar os sessenta, ele *acabará* presidente da empresa que o contrata —, eliminando todo acidente de percurso, pode-se estar certo de que, como escolheu repelir de sua vida tudo que o imprevisto poderia abrir no campo do gozo, aspira *a morrer por medo de viver.*

Um paradoxal milagre pode salvá-lo de quarenta anos de *pura perda:* o *fracasso.*

Pois é onde se fracassa que se é bem-sucedido.

Mas quem ousaria escrever um tratado do fracasso para ganhadores — no sentido de "ganhar a própria salvação"?

Enquanto isso, eu passava pela aprendizagem do silêncio.

Quando tinha coisas demais a dizer, temendo que Lacan não me deixasse chegar ao fim, eu as cuspia a toda velocidade para que ele absorvesse até a mínima parcela — sempre perseguido pela ideia de não ser *compreendido*.

Um dia, depois de esvaziar a totalidade de minha sacola, pensei que ele ia levantar: não levantou. Sentado à mesa, continuava a traçar ideogramas num bloco de papel como se tivesse esquecido de minha presença. Subitamente desconfortável por causa da ausência do volume sonoro de minha voz no cômodo, agitava-me, constrangido, na cadeira; ele não se abalava. Do outro lado da porta, eu sabia que os pacientes se acumulavam. Assim, era-lhe impossível me impor por muito tempo mais aquela tortura nova do meu próprio silêncio. Dez minutos depois, ele continuava a rabiscar.

Músculos tensos, bloqueado, eu me preparava para abrir a boca — para dizer o quê? — quando ele resmungou sua incitação habitual com voz arrastada:

— Sim?

— Nada — disse eu com agressividade.

Mais quinze minutos se passaram sem que nenhum dos dois proferisse uma palavra.

— Sim?..

— Nada!

Este "nada" dissimulava a insuportável angústia que, por sua intensidade, deveria ter me indicado as proporções das coisas que eu estava recalcando.

— Sim?..

— Nada.

Uma hora depois, eu saía do consultório. Arrasado. Não conseguira tirar som algum de minha garganta senão aquele "nada" furioso que me remetia a um "tudo" cuja extensão confusamente sentida me aterrava. No decorrer dos meses subsequentes, Lacan repetiu, com intervalos caprichosos, o mal-estar das prolongações até o momento em que a intensidade de meu desassossego me forçou a compreender — por fim o que podia ser a força de uma resistência.

Às vezes ele acendia um charuto. Por sua forma de verruma, eu identificara os Punch Culebras de Davidoff. Só eram vendidos na

Suíça. De vez em quando eu ia a Genebra. Perguntei-lhe se queria que lhe trouxesse charutos. Aceitou. As duas caixas compradas a cada uma de minhas viagens tornaram-se um rito acrescido do prazer de fazer com que ele as pagasse integralmente.

Nesse meio-tempo, ele expressara por meio de mímica sua irritação com o cinzeiro que eu acabava deixando em meus joelhos para não ficar o tempo todo passando o braço embaixo de seu nariz.

Eu acendia um cigarro atrás do outro. O consultório era minúsculo.

Sentava-me de costas para a janela, que dava para o lajeado do pátio, bem acima do castanheiro. Debruçado sobre a mesa, na frente da parede, Lacan me mostrava seu perfil direito. Muitas vezes, quando estimava que seu silêncio gerara um efeito de verdade, girava de repente a cadeira e, subitamente de frente para mim, pontuava com um sinal o que parecera não ouvir. No início, quando acontecia de nossos olhares se cruzarem, para mim era uma questão de honra não baixar o meu, por bravata. Logo entendi o quanto aquela justa exaustiva se devia a meu imaginário e meu olhar, antes desafio, passou a ser só pergunta quando pousava em seu rosto.

Um dia ele fez uma observação sobre a fumaça que invadia o consultório. Reiterou-a até eu entender que era *melhor* não fumar durante a sessão.

A partir de então parei de tirar os Philip Morris do bolso: assim foi definitivamente abandonado um de meus últimos automatismos de defesa.

Durara cerca de um ano aquela longa queda de braço no decorrer da qual eu aprendera sucessivamente a chegar na hora, a vincular a ideia de pagamento ao trabalho que eu realizava e a eliminar pouco a pouco os tiques, atitudes ou outras posições de parada que retardavam seus frutos.

Eu não procurava mais seduzir, como tampouco provar, fingir ou rivalizar.

E preciso dizer que, pouco tempo antes, ele me dera uma lição magistral. Uma tarde, exasperado por não sei mais qual de seus silêncios — ou talvez por uma de suas raras intervenções —, lançara-lhe com raiva:

— Talvez imagine que não sou tão inteligente quanto você, não é?

Olhou-me com uma meiguice que me desarmou, deu um suspiro profundo e murmurou:

— Quem lhe diz o contrário?

Acabou-se o adversário: nocaute. De pé.

A partir daí, aceitei estar nu, não procurei senão compreender. Infelizmente, quanto mais eu avançava, menos compreendia. Ao abrir à consciência um campo novo de meu inconsciente, cada passo à frente só me furtava um pouco mais o que eu acreditava ter vislumbrado na véspera ao me fazer sentir duramente a desalentadora extensão do que ignorava.

Imperturbável, Lacan deixava que eu me atrapalhasse.

Nunca me contradizia quando eu cometia um erro de interpretação: ele devia ter certeza da direção que imprimia ao tratamento e da intuição de seu pensamento para me deixar patinhar nos meandros onde a minha se perdia...

Com as rédeas bem seguras, não me dava qualquer indicação sobre os múltiplos atoleiros em que eu me metia. Eu achava que havia encontrado. Procurava sua aprovação. Ele aquiescia com um sorriso. Eu saía do consultório com a certeza de ter algo. A noite a destruía: não era nada disso. Assim, eu tinha o direito de interpretar seus silêncios diante de meu tatear ou do pretenso brilho de meus sofismas como mentiras de parte dele.

Daí tirei duas lições.

Primeira: encontrar sozinho.

Não podia esperar qualquer ajuda dele. Porém, como cada resposta traz outra pergunta, como saber se eu estava lidando com a resposta correta, no intuito de nela me apoiar para ir além? Dando tempo ao tempo, descobri por meus próprios meios: quando eu possuía a resposta correta, a pergunta, subitamente esvaziada de toda substância, perdia sua razão de ser e desaparecia sozinha. Uma de cada vez, as múltiplas facetas tinham-me aparecido em plena luz: não havia mais zonas de sombra. Neste estágio onde se mesclavam certeza sentida, serenidade e júbilo, nem precisava mais pedir a opinião de Lacan: *eu sabia.*

Segunda: a mentira do Outro às vezes é necessária para chegarmos à nossa própria verdade.

IV

Anedótico

6

Não há gozo do gozo.

Sei do que estou falando, passei por isso. Inclusive lá fiquei por tempo suficiente para não desconhecer que o excesso de uma duração o impede. É neste ponto que esbarram os hedonistas.

Ao confundir discurso sobre o gozo e gozo com o discurso e erigir a prática do prazer imediato em ética da felicidade, parecem ignorar — supondo-se que, para vivê-lo, tivessem saído do discurso que o abole — que ele não pode ser dito, sob pena de esquivar-se, e que o real, infalivelmente, os teria levado ao impasse de uma antinomia.

A conhecida estória dos três sofistas.

Após cinco horas de discussão, os dois primeiros acabam provando ao terceiro que o espaço não existe.

Este se inclina a contragosto, levanta e sai do cômodo.

Do mesmo modo se marcam os limites do simbólico assim que este procura modificar o real ou negar sua existência. Colocado como objetivo a atingir, o gozo se torna então um engodo do imaginário: você pensa que ali vai se instalar, ele o deixa.

Eis por que os que têm "tudo" não têm grande coisa.

Quando os objetos e as horas podem multiplicar-se até o infinito na esmagadora profusão de sua abundância, os rostos e as paisagens suceder-se sem que se modifique a estação do eterno verão, eles não passam da marca de um vazio onde nada se inscreve a não ser outro vazio.

A pegada dessa ausência pesa tanto quanto a infelicidade, a doce infelicidade da dor de viver.

Lá tudo é esquecido, tudo se parece. Não se cria nada.

A memória só grava o que a queima: o quê?

O instante.

Adolescência... À meia-noite do Natal, escapei de minha casa adormecida para encontrar com uma mulher oito anos mais velha do que eu. Vou de bicicleta pelas estradas de terra petrificadas pelo gelo. A temperatura é talvez de menos quinze. O ar gelado está duro como a lâmina de uma faca. Os ciprestes me acompanham; pedalo no silencioso delírio das constelações que explodem na escuridão do céu puro. Ela jurou escapar do sítio ao qual amigos a convidaram. Encosto a bicicleta numa cerca viva. Espero. Espreito as luzes que filtram pelas venezianas fechadas. Cada dilatação de meus pulmões termina em jato de vapor que jorra de meus lábios e narinas. Ei-la. A porta entreabriu-se só por uma fração de segundo, deixando sair o rumor da música e a barra luminosa contra a qual se destaca sua silhueta. De novo o silêncio e a escuridão. Deu alguns passos. Está me procurando. Assobio baixinho. Anda em minha direção. Abraçados, de pé, olhamos as estrelas até nossas mãos ficarem geladas como a noite. Levo-a até um celeiro onde se acumulam os fardos de palha, também espalhada em feixes pelo chão. As duas nuvenzinhas de vapor que escapam de nossas bocas que se roçam viram uma só.

Através de minhas roupas grossas, ela desliza os dedos de metal frio em meu peito. Arriscando o mesmo gesto, insinuo os meus em seu ventre. Mais abaixo, afasto suavemente o frágil tecido que protege o lugar onde o corpo de uma mulher é mais macio, que o interior de uma asa de pomba. De olhos arregalados, olho com incredulidade seus olhos que me olham: entorpecida por aquela mortalha de frio, minha mão acaba de entrar numa fornalha.

Vinte anos, Mediterrâneo, sol de agosto. Mergulhei a uma

profundidade de quinze metros. O fundo é um leito suave de algas macias. Volto-me, de costas, para o brilho da luz cujas refrações fugazes, sem conseguir atravessá-la, estriam a esmagadora massa de azul-escuro que me encerra. Lá em cima, tão alto que nunca mais conseguirei subir, o corpo da mulher que amo, laranja vivo através das vibrações de veludo negro, percebido numa quebra de escala que a torna frágil, ínfima como um fragmento de casca de tangerina flutuando na superfície de um halo de prata. As cores mudam com cada tremor de meu corpo: índigo, violeta, ultramarino, cobalto, azul-da-prússia, cerúleo. Subo lentamente em direção àquele laranja puro, sua cor também se torna outra, agora é carne de calor suave.

Sem fôlego, passo para o outro lado do espelho e surjo ao sol.

Vinte anos. Pleno meio-dia. Tiram do mar um afogado. Cobrem-lhe o corpo com um pano. Homens o colocam numa padiola que levam para um furgão. Arranca. Atrás, ultrapassando a mortalha que o esconde, os dois pés azulados do cadáver estremecem ao ritmo dos solavancos.

Moscou, meia-noite, um 31 de dezembro. Saio do restaurante cheio de gritos e vodca, contorno o Metropol e dou na praça Vermelha. Seu infinito é limitado pela basílica de Santa Sofia, cujo ouro das cúpulas bizantinas reluz sob baterias de refletores. Apontados para nuvens, iluminam o esvoaçar dos confetes de neve que caem do céu baixo.

Perdidas na perspectiva sonora dessa imensidão, algumas sombras enroupadas agrupam-se ao redor de um acordeonista encostado ao muro do Kremlin.

Primavera na Irlanda, County Wicklow, a oeste de Bray e ao norte de Rounwood. Ao pé de um círculo de montanhas, um lago negro. Em sua margem, vindo diretamente de uma lenda celta, um castelo branco. Três da manhã. Jantei no castelo. Saio. Meus amigos fecham a porta. Eu nunca teria imaginado que algo pudesse ser tão escuro quanto aquela noite em que as estrelas se amontoam. Entro em meu carro. E vejo: dois pontos luminosos dançam diante de meus olhos. Deslocam-se lentamente contra um fundo de árvores imensas nascidas dos mistérios da floresta de Broceliande. Acendo os faróis.

Aparecem em seu facho uma multidão de corças e camurças. Torno a sair do carro. Elas não fogem. Imobilizo-me no meio delas, muito tempo. Mais tarde, ao chegar ao fim da estrada que sobe do lago ao topo das colinas, desligo o motor, saio do carro e apóio-me no capô para escutar o silêncio inaudito da noite. Uma evidência: sou o único homem do planeta, o primeiro, o último.

Cinco instantes, cinco queimaduras. O celeiro e a bicicleta, a laranja no mar, Eros.

O afogado de agosto, Tanatos.

Mas e Moscou? E o lago negro e as corças?

A que vincular a insistência de sua recorrência?

Nem a vida, nem a morte, e no entanto algo que simultaneamente se vincula a ambas, separa-as e as liga numa idêntica transcendência: a *intensidade*. *Border-line* no lugar de onde se comprova a vida e se anuncia a morte, ela se eclipsa por ser *demais:* demais, como um som perfeito que durasse tempo demais, uma cor pura demais, um amor violento demais, uma beleza dolorosa demais. *Demais*.

Nada pareceria opor-se a que o gozo fosse eterno senão o *demais* da intensidade e a *intensidade desse demais* que marcam justamente o instante de sua anulação.

Mas para saber que o *gozar demais* nos retira essa intensidade, para entender bem até que ponto nosso corpo, nosso psiquismo e nossos próprios delírios existem sob o signo do limite, é preciso ter tido a possibilidade de fazer a viagem. E de voltar: contudo, supondo que alguém pudesse viver sem esperar, esse seria o antídoto do veneno que se chama esperança.

Nenhum risco desse tipo com Lacan. Quanto mais passava o tempo, menos eu gozava. As proezas realizadas para pagá-lo chegavam ao fim. Fora o que eu lhe dava, alguns dias acontecia até de eu não ter dinheiro suficiente para comprar um maço de cigarros. Era a última de minhas preocupações. Se não sentisse vontade de fumar, nem teria percebido que estava duro. Em minha escala de valores, o ter nunca ocupou um lugar preeminente.

Agora, era pior. Tudo que não fosse a análise deixava-me perfeitamente indiferente. Mas havia Lacan...

Tive de aceitar como escritor, sob pseudônimos diversos, servicinhos tão medíocres que, à época em que eu tinha o poder de fazer outros trabalharem, não os teria encomendado a desconhecidos por medo de humilhá-los. De qualquer maneira, mesmo por somas enormes ter-me-ia sido impossível conciliar o trabalho que eu estava realizando com qualquer atividade regular. Entrara em minha nuvem. Na verdade, já estava nela durante o período de incubação em que o desejo da análise gera efeitos de sintoma antes mesmo de ter sido verbalizado. No decorrer desse período de incubação mole em que as caixas me serviam de espelho, amigos atenciosos, inquietos com meu desaparecimento e minha brusca mudança de rota, haviam-me oferecido um programa diário de uma hora na célebre estação de rádio que dirigiam. Fiquei tão entusiasmado que, para sua surpresa, não deixei que citassem meu nome no ar. O princípio da emissão era simples: eu dizia "bom-dia" e passava a palavra aos ouvintes, que faziam perguntas pelo telefone a especialistas em direito, corpo, problemas amorosos.

Terça-feira era o dia das crianças.

Na primeira terça, vi chegar uma estranha mulher de cabelos grisalhos cujo olhar, percebi constrangido, penetrava em minha alma. Sem ter-lhe dito uma palavra, eu soube instantaneamente que ela compreendera o mal-entendido que era minha presença naquele estúdio.

Chamava-se Françoise Dolto.

Quando abri o programa proferindo com voz lúgubre o "bom-dia" que todo começo de tarde tinha de arrancar de minha garganta cerrada, vi que ela me observava com acuidade por trás dos óculos de professora. Seus olhos eram extraordinários de tanta inteligência, profundidade e sensibilidade.

Olhos que lhe arrancam a máscara e tornam vã qualquer mentira. Fascinou-me no ato.

— Alô, dizia eu, quem fala?

— Marc.

Ela se concentrava um segundo antes de cada telefonema, inspiração profunda, mãos juntas à altura das sobrancelhas, olhos fechados. Tornava a abri-los, dizia com voz cálida: — Bom dia, Marc.

— Bom dia, senhora.

— Quantos anos você tem?

— Sete.

— E por que me ligou?

— Por causa do meu irmão. . .

— Quantos anos ele tem?

— Quatro, senhora.

— O que está acontecendo com ele?

Leve hesitação do menino.

— Ele chateia todo mundo.

— É mesmo, Marc? Conte para mim!

— Ele não é legal com meus pais. .. Faz xixi na cama. .. Chora... Mamãe tem de se levantar de noite...

— De fato, ele não é legal. Que mais?

Nova hesitação.

— Coisas... Coisas para chatear. .. Chora...

— Você já me disse, Marc. Não tem grande importância nada disso... Que mais?

— Ele rói as unhas!

Então, Dolto:

— Pois bem, Marc, é você que tem de parar de *roer* o seu irmão.

Silêncio do menino.

— Está entendendo, Marc?

— Estou sim senhora.

— Tem certeza?

— Tenho sim senhora.

— Até logo, Marc.

— Até logo, senhora.

Miserável intervenção do "animador" — eu —; que de repente lembra que está ali para dizer alguma coisa.

— Próximo telefonema...

Uma noite, um dos dois amigos que me contratara — para meu grande sofrimento, se suicidaria alguns meses depois — confidenciou-me o fascínio que Dolto exercia sobre ele: "Ela encarna todas as mulheres ao mesmo tempo: sua filha, sua mulher, sua mãe, sua amante."

Um dia, para avaliar por minha reação o grau de minha neurose, ela brincou de me deixar fora do pé de apoio. A violência do teste foi tão inaudita como a de sua intervenção com Marc.

Cravando os olhos direto nos meus:

— Eu lhe agrado?

— Como? — resmunguei.

— Estou perguntando se lhe agrado.

Já tinham me feito esta pergunta, não restava dúvida quanto a sua interpretação. Mas naquele caso? Ela? Aonde queria chegar?

— Como o quê? — perguntei para ganhar tempo.

Sem desviar o olhar, abriu os braços em sinal de evidência:

— Como mulher.

O olhar, quando se dirige a nós, só fica pesado porque nos surpreende enquanto seres de Desejo. Mas todo desejo não é senão a metáfora do desejo primeiro, evidentemente vinculado à culpabilidade do incesto. Ora, esse desejo não se articula à pulsão, mas deriva do significante do objeto que designa: a palavra "mãe". Pois antes de ser objeto de desejo, "Mãe" é um significante e continua sendo um significante: *desejo de um significante.*

Posteriormente tomei conhecimento da estima e do respeito recíprocos que a ligavam a Lacan a quem, anos depois, falei sobre um livro que ela acabara de publicar, *L 'Évangile au risque de la psychanalyse.* Apesar de sua formação católica — ou por causa dela —, ele não gostava que os gêneros fossem misturados. Deu de ombros: a seu ver, por aquele texto específico, a ovelha tinha se extraviado. Ele desapareceu antes dela. Porém, quando ela faleceu, tive o mesmo sentimento que no momento da morte de Lacan: o mundo ficaria um pouco mais pobre, um pouco mais tolo.

Enquanto isso, nada mais dava certo na rue de Lille.

Nossas relações estavam cada vez mais tensas.

Por honestidade intelectual, para que ele não me imaginasse capaz de passá-lo para trás com um fragmento sequer de seu tempo, avisava-o *antes* da sessão que não tinha com que pagar.

Às vezes ele não reagia.

— Sim?... — dizia, como se eu não tivesse dito nada.

Com a testa suada, eu passava rapidamente a outra coisa. Ao cabo de várias semanas, com o acúmulo das sessões devidas, eu sentia a crise vir. Nos primeiros dois anos, eclodiu duas ou três vezes com uma violência que me aterrou.

Com palavras muito duras, Lacan ameaçou suspender o tratamento se eu não encontrasse uma maneira de saldar minhas dívidas.

No dia seguinte, com a boca seca, tomado pela irrefreável tentação de fugir do drama que ia provocar, em vez de ceder a ela eu galgava os degraus gastos com a palidez de um condenado subindo ao cadafalso.

— Não tenho dinheiro.

Ficava arrasado. Apesar do distanciamento, ainda hoje continuo sem saber se a fúria de Lacan era real ou se se tratava de uma raiva de ator com fins terapêuticos.

A primeira etapa de minha análise devia necessariamente passar por um indispensável *retorno ao real:* sem o eletrochoque de sua exaltação, que me deixava em pânico, será que eu teria podido dar esse passo?

Entendi então que, em vez de viver com aquela vontade de vomitar, era melhor tentar eliminar suas causas.

Quer dizer, ganhar dinheiro de novo.

Mas como?

Fora o que já praticara — escrever, desenhar ou pintar —, eu não sabia fazer grande coisa. Ora, intuía que um retorno às fontes em horário integral naquele exato momento de meu trabalho era incompatível com a concentração que este exigia de mim. Ignorando que o acaso não existe e que, sem perceber, eu só me perdera, no momento em que sucediam os fatos para melhor me encontrar, por muito tempo pensei ter agido impensadamente.

Eram oito da noite. Inverno. Com os jornais debaixo do braço, desci do escritório e saí à rua onde, com a porta aberta, meu motorista me esperava. Tudo aconteceu numa fração de segundo: me "vi" como vi a inelutável trajetória que seria minha vida. Tinha trinta e cinco anos. Dali a trinta, teria sessenta e cinco. Com sorte, outro motorista talvez me esperasse e eu continuasse dirigindo outro jornal. Subitamente atrasado pela opressiva sensação de ver passar o cortejo de minhas próprias exéquias, tornei a subir até o escritório, peguei o telefone e liguei para uma companhia aérea: onde, no planeta, eu poderia encontrar o verão em fevereiro? Em Guadalupe.

O vôo saía pouco antes da meia-noite. Avisei a minha companheira que preparasse uma maleta. Nem me perguntou para onde: "Calor ou frio? — Calor", disse-lhe. Algumas horas depois, lá estava eu no meio de um Gauguin.

Um cavalo branco, azul sob a luz da alvorada que se anunciava, pastava uma grama de um verde profundo salpicada de flores vermelhas ladeando uma praia bordada de palmeiras e buganvílias.

Soube que uma página fora virada, que eu nunca voltaria atrás.

Deliberadamente, acabara de optar pelo aleatório.

Mas o real é um grande mestre. Se amanhã a vida me atropelar, se me privar de minhas escolhas mas eu continuar a ter vontade de vivê-la, aceitarei pagar o preço que for fazendo o que a necessidade ditar para prolongá-la.

Sem ver nisso a mínima perda de liberdade.

Pois minha única liberdade verdadeira só depende de mim,eu a possuo: deixar a vida se o desejo me abandonar.

Eu tinha voltado a me encontrar com o Gordo. Enluvados, batíamos, debatíamos, refazíamos e desfazíamos o mundo. Ele descobrira subitamente sua forte paixão de colecionador. De consultório médico, seu apartamento pouco a pouco se transformara em armazém onde se empilhavam armas, selos, caixas de vinho, móveis, quadros. Sua maneira de enfocar os objetos, fora os borgonhas e os bordeaux, e a pintura era desastrosa. Como se pudesse ter formado seu gosto e absorvido a totalidade da história da arte lendo livros de marchands que mencionavam a cotação incerta de algum obscuro produtor de figuras. Ele insistia na modicidade das somas desembolsadas por seus achados. Eu retorquia que, mesmo desencavada no Marché aux Puces, uma porcaria de quadro não mereceria um centavo. Ele dava de ombros e, em sinal de desdém, destampava uma bela garrafa. Um dia, organizou uma reunião de trabalho sobre um texto de Lacan. Participei. Éramos quatro: o Gordo, um lingüista, uma moça longilínea de cabelos crespos — cuja especialidade não me foi revelada, mas que fizera os sanduíches — e eu. Fora o Gordo, que guiava a leitura, suponho que éramos todos novatos, pois não fomos além desta primeira e única frase extraída ao acaso de *A instância da letra no inconsciente:* "Antes da segunda propriedade do significante compor-se conforme as leis de uma ordem fechada, afirma-se a necessidade do substrato topológico do qual a expressão cadeia significante, que costumo usar, dá uma ideia aproximada: elo cujo colar se sela no elo de outro colar feito de elos."

— E aí — disse tranqüilamente o Gordo encarando-nos um de cada vez —, o que quer dizer isto?

Passamos a tarde tateando à procura de algo parecido com um sentido. Cada palavra era um mundo em si mesma que nos levava a um saber desconhecido, e este se abria a uma infinidade de outras disciplinas fora do nosso alcance apesar da boa vontade do Gordo em nos dar as pistas.

Durante minha análise, vinte vezes ele quis me levar aos seminários de Lacan. Vinte vezes, por razões diversas, me esquivei: todo ato falho é um discurso bem-sucedido. Eu conhecia o Lacan da rue de Lille a quem Glória levava a xícara de chá e as duas tâmaras todos os dias às cinco da tarde. O Lacan íntimo, homem de consultório. Talvez eu não tivesse a mínima vontade de assistir ao número brilhante que atraía indiferentemente tanto os esnobes quanto os apaixonados pela história e a evolução do pensamento. Minha intuição devia ter-me cochichado que minha posição de analisando tornava-me vulnerável demais para jogar com dois registros simultâneos do mesmo personagem. Com o distanciamento que hoje tenho, não lamento.

Primeiro eu tinha que desconstruir. Pacientemente.

Começava também a sofrer. Um sofrimento agudo de lobo solitário. Meus valores vacilavam. As pessoas com quem eu convivera não me interessavam mais, e outras, pouquíssimas, que eu desejava conhecer, não se interessavam por mim. Eu não era mais idiota o bastante para saborear a felicidade de ser enganado, nem avançado o bastante para encontrar-lhe substituto; minha cabeça e meus pés mancavam e, para compensar a claudicação, meu único recurso era a fúria em entender.

Se então me tivessem explicado por quê, eu teria me recusado a aceitar que o sofrimento fizesse parte do pacote.

Ora, é fato que nenhuma superação, nenhum avanço se realiza sem sofrimento.

Tantos anos depois, não podendo nem querendo tomar uma distância intelectual ou racionalizar com frieza o que outrora me transtornou nem tratar pela derrisão que encobre o pudor o que foi suportado, para melhor renegá-lo, por que não dizer esse sofrimento?

Assim como uma existência concebida em termos de destino, a criação tampouco escapa do sofrimento.

"É preciso colocar-se deliberadamente em estado de pesadelo para aproximar-se do tom verdadeiro."

O "tom verdadeiro" é a Verdade.

Para atingi-la, será que basta passar, como Céline, pelo pesadelo?

Em outras palavras: a análise é uma criação?

O que está em jogo? O que se forja?

O que *se cria*, precisamente: o advento de um sujeito e, jamais dado mas sempre conquistado, o espaço de uma liberdade interior.

Hoje, isto me parece simples.

Porém, eu ainda teria que sofrer muito para aprendê-lo.

7

Foi primeira vez que o vi. Dali estava ajoelhado em sua suíte do hotel Maurice recortando com letras enormes o próprio nome num belíssimo tapete persa. A partir de então nos encontramos com tanta frequência que eu poderia escrever todo um livro sobre as encenações que ele me reservava cada vez que me esperava.

Naquele dia, estávamos em sua casa de Cadaqués.

Como de costume, perguntou-me se lhe levara um presente. Do presente, passamos à oblatividade em geral e, é claro, ao primeiro presente que a criança oferece à mãe: seus próprios excrementos. O que mostra o quanto já nos encontrávamos na merda. Estávamos sentados no patiozinho descoberto. Gala à minha direita. Dali à direita de Gala.

Em nossas conversas, para mim era uma questão de honra nunca ficar atrás dele em matéria de absurdo. A verdade me obriga a transcrever nosso diálogo em todo o rigor de sua coprolalia.

— Tenho um amigo — disse Dali —, um pintor de Nice, que está pensando em expor suas próprias merdas numa galeria.

— Boa ideia.

— Aliás, prometeu enviar-me uma amostra.

— Fresca ou seca?

— Uma de cada.

— Você está considerando a possibilidade de expor as suas?

— Estou pensando no assunto. O Louvre é digno da merda de Dali.

Gala começava a se agitar. Nenhum dos dois a levou em conta e, sem nos abalarmos, continuamos no mesmo tom impassível a elogiar os requintes da coprofilia, da coprofagia e da coisa excrementícia como o absoluto de uma ética. Dali recordou-me sobriamente que era o autor de um libelo sobre os peidos ditongos anexado a *Art de péter* (ou *Manuel de l'artilleur sournois)*, do conde de la Trompette. Admiti tê-lo lido, mas frisei a anterioridade do grande *Hípias* no qual Platão, pela boca de Sócrates, enredando, o jovem Hípias nas malhas da maiêutica, consegue que este diga, durante seu diálogo sobre o Belo, que a coisa mais bela do mundo é uma merda.

Dali assentiu de bom grado e acrescentou com ar sonhador: — Em lugar de banhos de lama, eu gostaria de tomar banhos de merda.

— Imaginem campeonatos de mergulho numa piscina olímpica cheia de merda.

Era demais.

— Vocês são nojentos — protestou Gala.

Meio bofetada, meio carícia, lançou o dorso da mão contra meu rosto. Eu pressentira o golpe, bloqueei-o por reflexo e, no vôo, segurei seu pulso. Ela o encolheu em direção aos lábios e, no mesmo movimento, beijou minha mão que encerrava a sua.

No dia seguinte eu estava de volta a Paris.

Contei a Lacan que, querendo me bater, Gala, mudando de opinião no meio do gesto, beijara-me a ponta dos dedos. A estória da merda e do beijo fascinou-o tanto que me fez contá-la de ponta a ponta nos mínimos detalhes. Eu sabia que ele freqüentara o grupo surrealista e que Dali era seu amigo. A analogia entre o vocabulário pictórico e o anal já me impressionara. Quando o pintor espalha a tinta na tela, seu gesto mesmo não é senão o remanescente do gesto do *infans* que se lambuza dos próprios excrementos sem nojo.

A linguagem técnica da pintura implica idêntica similitude com as fezes: fala-se de "matéria", "borrão", "merda", "obra", "fluidez" de cores: metaforicamente, o pintor, com ou sem talento, não era aquele que, através da sacralização de uma arte socialmente reconhecida, se compensava por outrora ter sido proibido de brincar com sua merda?

Outros problemas estéticos me agitavam. Da primeira vez que aludi a eles, saíra-me o nome de Da Vinci. Lacan hesitou um instante, fez uma careta e lançou:

— A única coisa de que se tem certeza é que ele não era pintor.

Eu precisava de dias para revirar a frase por todos os lados e extrair o que me escapava. Neste caso preciso, vi-me obrigado a fazer tábula rasa dos automatismos de minha "cultura" e recolocar Leonardo no nível em que Freud o situara em *Un souvenir d'enfance,* quer dizer, a transferir a obra pintada à globalidade de uma ontogênese: de onde vinha o enigma da criação, seu "porquê"?

"Eu não procuro, dizia Picasso, acho", aforismo que marcava muito exatamente a fronteira entre o "gênio" e o "talento". Tanto como no caso da "necessidade" e do "desejo", o abismo os separa. A primeira é limitada; o segundo, sem limite.

Pois o gênio dispõe de um saber que se ignora.

Captando ondas que provêm diretamente da *inspiração* — cuja etimologia é "o que é *insuflado*", mas por quem, por quê? —, e por conseguinte capaz do melhor como do pior conforme ela o assista ou se ausente, todos os dias o gênio é confrontado com as incertezas do acidente, quer dizer, com o que lhe *chega:* ele é *falado por sua linguagem.*

O talento, ao contrário, a domina.

Pode reproduzir o que acaba de criar. O *acidente* fica excluído. Dentro dos limites do saber ou do saber-fazer de quem os possui — pintor, escritor ou músico —, a obra sempre será bem pintada, bem escrita, bem composta: sempre *bem.*

Porém limitado, porque sem surpresa: jamais *melhor.*

E quem se preocupa com isto?

É pelo grau de emoção gerada por uma obra que se mede sua intensidade: por mais que seja mal pintada, mal escrita ou mal composta, sua vibração impõe o *diálogo* a quem se deixa penetrar por ela. Lembro-me de uma exposição no Grand Palais em que, na mesma sala, gigantes se espreitavam: Van Gogh, Gauguin, Lautrec, Picasso, Renoir. Os gigantes, como se sabe, são antropófagos: matam-se, aniquilam-se, devoram-se uns aos outros. É raro, por exemplo, que algum quadro sustente a presença de um Cézanne. Ele também estava lá, na forma de uma de suas mais magníficas realizações, *Rapaz com colete vermelho.* Contudo, não foi este que fisgou meu olhar, e sim, num canto, o quadro que fagocitava os outros grandes carnívoros, seus pares e rivais, uma tela de formato minúsculo que domava os olhares.

Representava, em menos de vinte e cinco centímetros de altura e dezoito de largura, uma mulher costurando à luz de uma vela. Uma verdadeira superfície de ouro líquido. Assinado: Bonnard. No livro esquecido de um autor também — injustamente — em vias de sê-lo, *Mémoires d'une autre vie,* Francis Carco relata que, durante os anos vinte, o frio o despertava à noite em seu miserável quarto do Quai aux Fleurs.

Então ele acendia uma vela. As paredes, do chão ao teto, estavam cobertas de nus suntuosos pintados por um de seus amigos biriteiros, glorioso fracassado anônimo, Amedeo Modigliani.

No suave calor daquela carne sensual, Carco tornava a adormecer.

Da anedota pode-se concluir que é impossível enganar-se quanto à natureza da obra-prima, conhecida ou desconhecida: obra-prima é a que *irradia energia.*

Quando se aliam, na total ausência de limites que é sua característica, técnica, inspiração, virtuosismo e profundidade, o milagre se chama O *homem do elmo de ouro* — provavelmente uma das cargas emocionais mais prodigiosas da história da pintura.

Mas como analisar o que nos comove — e por quê, e em que lugar de nossa sensibilidade — no *Personagem à janela* de Dali, do qual o mínimo que se pode dizer é que é mal feito, canhestramente desenhado, *mal pintado?*

Em que mexe conosco aquela silhueta vista de costas, atarracada, espessa?

Aí está, se não a chave, o próprio enigma da criação.

Seu poder de comunicação não se situa ao nível de um saber-fazer, como tampouco no da representação do tema ou do tema da representação — eis por que, injustiça suprema, insolência do dom, vale a pena aprender poucas das coisas que julgamos destinadas a ser aprendidas.

Eu utilizava a palavra "vibrações" para descrever o possante fluxo dessa troca. Lacan balançava a cabeça obstinadamente em sinal de negação, retorquia com suavidade e firmeza que não há metalinguagem: no momento em que um sujeito falante decide comentar ou descrever o estado de sensação provocado pela própria pintura, esta passa a ser um efeito de linguagem, embora não pareça contentar-se com vãs palavras.

Aquele que pinta se exprime. A expressão desta expressão passa necessariamente e em primeiro lugar pelo verbo amo, odeio, quero morrer, quero matar, é bonito, desejo-a, quero destruir —, mas é codificada em cores, volumes, linhas, formas: mensagem enviada.

No outro extremo da cadeia, o destinatário espectador faz a operação inversa, decodifica. Para tornar a cair no sentido como se cai sobre os próprios pés, ele traduz com suas palavras o que, de início, eram apenas palavras do outro transformadas em cores, volumes etc.: mensagem recebida.

Ideia que levei muito tempo para engolir.

Eu resistia. Teimava. Lacan me cercava com lógica impecável. Fatalidade do sujeito falante: tudo levava ao homem e todo homem levava à palavra sem a qual não existiriam nem o imaginário, nem o simbólico, nem o real que só dela se deduz. Ilha deserta. Homem? Fumaça: não há fumaça sem fogo. Fogo, homem. Homem, linguagem.

Alguns anos antes eu criara um álbum inédito de desenhos humorísticos cujo tema central, apresentado sob diversos aspectos, era *a* falo. Eu só possuía um exemplar original. Mostrei-lhe.

Enquanto ele o olhava detalhadamente, eu espreitava a recompensa por meu trabalho em seu rosto na forma de um sorriso permanente. Depois de me elogiar vivamente, pediu-me para ficar com o livro alguns dias.

Três semanas depois, vendo que não o mencionava mais, eu quis tê-lo de volta. Ele reiterou o quanto o apreciava e perguntou guloso, com uma frase retorcida, se por acaso eu não aceitaria dar-lhe o trabalho de presente — ele seria muito sensível ao gesto. Eu lhe teria dado meu sangue sem pensar duas vezes. Não meus desenhos. Haviam-me exigido trabalho demais, eu era muito zeloso deles. Recusei. Pediu que Glória lhe tirasse fotocópias.

Foi a única vez que lhe disse não.

Nenhuma relação com o que precede; uma noite ele me deu medo. Era uma sexta. Eu era o último paciente. Ele ia embora.

— Até segunda — disse-lhe eu.

No momento em que eu estava abrindo a porta depois de lhe ter apertado a mão, ele me reteve um instante.

— Vou lhe deixar o telefone onde poderá entrar em contato comigo durante o fim de semana em caso de necessidade.

Tanta solicitude me alarmou.

— Em caso de necessidade? — balbuciei.

— É. Se precisar falar comigo.

Ele já escrevera um número e o colocou em minha mão.

A rua. Por uma razão que esqueci, eu não estava de carro. Também não levara capa de chuva. Chovia. Sem me preocupar, virei à direita e subi a rue des Saints-Perès. Cheguei ao boulevard Saint-Germain com a roupa empapada. Com a cabeça em outro lugar, patinhava nas poças ruminando angustiado seu "em caso de necessidade".

Se eu não estivesse ameaçado, por que ele teria me incluído na categoria de suas urgências? Embora sentindo-me mal como de costume — porém nem mais nem menos — deduzi que alguma de minhas palavras, a não ser que tivesse sido algum sinal secreto enviado por meu rosto à sua sagacidade, devia ter traído a iminência de minha derrocada.

As sessões precedentes haviam sido muito duras.

Eu estava sem dinheiro e, somada a minha aflição, a extensão da dívida privava-me de todo e qualquer recurso criativo para consegui-lo. Na altura do Lutétia, saí da rue de Sèvres virando à esquerda no boulevard Raspail. Ao repensar a situação, percebo que nem procurei parar um táxi — não tinha talvez com que pagar?

Surpreendi-me desviando vivamente os olhos de uma vitrine que me enviara meu reflexo.

Este reflexo tem sua importância no que se segue: para começar, força-me a precisar que, assim como não me agradava ser visto, jamais gostei de me olhar.

Infelizmente, eu era um pouco visível demais para meu gosto. Daí o mal-entendido permanente entre a *imagem* que eu projetava e minha recusa obstinada daqueles *sinais exteriores* aos quais não podia me identificar, precisamente porque me eram atribuídos como uma *vantagem*.

Que vantagem?

Interiormente, eu vivia mal demais comigo mesmo para agüentar por mais tempo aquela fratura entre o que eu era e o que parecia ser: não me reconhecendo no olhar do Outro e, além disto, não existindo para meu próprio olhar, *onde* e *como* eu podia me ver bem?

A violência de minhas reações em relação a qualquer elogio relativo à *aparência* me deixou com a pulga atrás da orelha: por que aquela onda de raiva fria? Em que eu era atingido? Onde se ocultava o insulto?

Precisei de anos para que um acaso me revelasse as primícias.

Um dia, tirando de uma gaveta um recorte de jornal envelhecido, minha mãe quis me fazer admirar uma *imagem* cuja visão me transtornou. Ali estava minha imagem acompanhada do comentário "jovenzinho prodígio". Ela *representava* um espantoso fedelho de terno azul-marinho saracoteando, presunçoso, num palco: *eu*.

Devia ter uns cinco anos. Parece que eu cantava, em todo caso era o que estava escrito preto no branco.

— Você sabe... — disse-me ela.

Tremendo de pavor, ouvia-a cantarolar a música que desejava refrescar em minha memória:

"Papa n'a pas voulu
Et maman non plus

Mon idée leur a déplu
Tant pis n'en parlons plus."[1]

Interpretando meu silêncio consternado como distração de minha parte, atacou o que devia ser a segunda grande peça de meu repertório:

"Vous permettez que j'déballe mes *outils*
Qui mais fait' vit' qu'on lui a dit... "[2]

Nada me foi poupado: chegou até às primeiras notas de *Chapeau de Zozo:*

"Avez-vous vu,, le nouveau chapeau de Zozo
C'est un chapeau
Un chapeau rigolo... "[3]

Uma noite, durante um cruzeiro ao largo das ilhas gregas, eu vira membros da tripulação jogar nosso lixo no mar enquanto resmungavam, tomando coragem para o trabalho: *"Catharsis... Catharsis..."*

Desta vez eu acertara na mosca: como se fosse o conteúdo de uma lata de lixo, recebi em plena cara o choque insosso de meus triunfos passados.

Apesar de minha repulsa em conceber tal ideia, eu tinha de admitir que havia vivido, na tenra idade em que todas as coisas ficam gravadas como em cera mole, tudo que um cabotino profissional podia sentir — ser o centro dos olhares, das atenções e dos refletores, fazer rir ou estremecer um público para que o aplauda, a ele, ator:

[1] "Papai não quis/Mamãe também não/Minha ideia os desagradou/Azar, não falemos mais nisso."
[2] "Permitam que eu desembale minhas ferramentas/Sim, mas depressa, disseram-lhe... "
[3] "Viram o chapéu novo de Zozo/É um chapéu/Um chapéu gozado..."

por que esquecera o que deveria ter me marcado? Como aquele reizinho patético de pompom de marinheiro fora privado de sua coroa de papelão, por quem fora derrubado do trono? Que ferida narcísica conseguira ocultar essas recordações de sabor forte a ponto de submetê-las à *foraclusão?*

Fazer a pergunta já era respondê-la: *um acidente.*

Talvez minha arrogância e o sentimento de onipotência suscitados por aquele irresistível álcool para a psiquê de uma criança de cinco anos — estar em pé de igualdade com os adultos, rivalizar com eles — tenham me levado a uma *imprudência* capaz de motivar minha expulsão dos bastidores ou do círculo encantado do palco, quando a cortina ainda não está aberta e preparam-se para aparecer os que vão morrer de prazer ou de medo. Não sei. Quando tudo o que se articula ao redor de uma rejeição revela-se de súbito, pouco importa a identificação do *núcleo* que provocou seus sintomas.

Porém, no momento em que caminhava na chuva em direção a Denfert-Rochereau, eu ainda não sabia disso. O conflito de identificação imaginária com minha *imagem* ainda persistia.

Eram oito da noite. Pouco antes de atravessar o boulevard Montparnasse, chamou minha atenção uma cortina fechada numa espécie de nicho de onde brotavam, na altura de meus pés, clarões de néon.

Abri-a e me vi diante de um banquinho preto aparafusado na frente de uma câmera automática. Entendi que por fim chegara o momento, agora ou nunca, de *me olhar*. Chovia cada vez mais. Fora alguns carros que levantavam buquês de água, a avenida estava deserta. Nenhum transeunte. Entrei na cabine, puxei a cortina atrás de mim, acomodei-me no banquinho e reuni a coragem que me restava para me impor a terrível provação de apresentar ao aparelho meu rosto de afogado.

Assim mesmo.

Assim como eu deveria enfrentá-lo, quem sabe pela primeira vez, com meus próprios olhos, e não percebido pelos do Outro.

Alguns segundos depois, a máquina fornecia as fotos. Forceime a olhá-las bem de frente.

Quer dizer então que aquele homem jovem, desconhecido, com rosto pálido pingando de chuva, cabelos negros colados à testa e olhar onde se sentia a provável fuga era eu.

Exato, era eu.

Pô!

8

Não se escolhe muita coisa.

Nem o instante de nascer, nem o nome que se tem, nem a cor dos próprios olhos, nem os que, mais tarde, nos magoarão porque os teremos amado. Procedentes de um desejo que nos será para sempre estranho, marcado com o ferro em brasa da linguagem e do lugar que, antes mesmo de sermos concebidos, nos fora atribuído por outros, com uma venda nos olhos gritamos liberdade e morremos cegos.

Não o Gordo: ele se recusava.

Feita de lamento e desafio, uma frase voltava-lhe sempre aos lábios: "Roubaram-me meu nascimento, não me roubarão minha morte."

— Pode parir... — ironizava eu.

— Quero viver minha morte.

Direi mais adiante como ele fez para que seu desejo fosse realizado.

Com o passar dos dias, por fragmentos descontínuos, eu ficava sabendo mais sobre sua vida. Curioso amálgama de impossíveis, ele era constituído de rancor, idealismo, pragmatismo e esperança. Só podia ficar realista quando saía do real. Embora fiel, leal e generoso, de repente parava de se interessar por você, era capaz de agir pelas suas costas, queixava-se amargamente do tratamento que lhe haviam infligido os professores da infância, sonhava ir para uma ilha deserta com um caixote abarrotado de livros, reclamava do preço de uma garrafa de vinho, socorria os que sentia estarem em perigo, entusiasmava-se com repentinas fulgurações por uma desconhecida vislumbrada na véspera num trem, desconfiava de todo mundo, xingava o pai por não lhe ter dado nenhum apoio moral ou financeiro e lamentava que ninguém "jamais o tivesse ajudado" na vida.

Seu pai era açougueiro.

Quando o Gordo chegou aos catorze anos, o pai quis fazê-lo parar de estudar para a seu lado iniciar-se na anatomia do boi, na natureza do pato e nas sutilezas do balcão. Apesar dele, mas sobretudo contra ele, o Gordo fizera medicina, passara dois anos no serviço psiquiátrico e optara pela análise. Eu devia a ele o encontro com Lacan.

Para que não imaginasse que eu estava fazendo mistério, acontecia de lhe falar de minhas sessões com a mesma liberdade com que falava de boxe. Nos primeiros meses, ou ele desviava a conversa, ou me opunha um silêncio neutro.

Pouco a pouco, porém, a curiosidade venceu.

Ele escutava.

Num terceiro tempo, saindo de sua reserva, incentivou-me, entusiasmou-se, comentou. Logo cheguei a lhe contar — e, ao acaso de nossos encontros às vezes até antes de me abrir com Lacan — tanto meus sonhos e sua interpretação como a revelação dos detalhes que faziam surgir. Era fatal que adviesse a situação equívoca em que, sujeito inconsciente de duas transferências simultâneas, ao invés de uma só, eu me via dotado de dois analistas: no tecido do discurso, havia *perda*.

Por muito tempo, Lacan não fez a mínima observação quando eu lhe relatava com uma sinceridade que o desarmava as apreciações do Gordo sobre seu próprio trabalho.

Até o dia em que se viu obrigado a intervir.

A seu modo, sem proibir-me formalmente o que quer que fosse, mas sugerindo que "seria melhor se...".

Pela simples razão de que é um lugar onde nada fica oculto, o divã é a melhor das câmaras de eco — no que me diz respeito, *divã* deve ser tomado como metáfora, pois no decorrer de minha análise as sessões sempre se desenrolaram *cara a cara,* eu nunca deitei.

Uma tarde, eu vira entrar na sala de espera uma moça cujo jeito destoava tanto do ambiente que me pareceu de outro planeta — sacoleira, balconista, cabeleireira? —, como se tivesse confundido o consultório de Lacan com uma butique. De uma beleza exagerada de boneca perfeita, muito produzida e mais maquiada que uma puta, irradiava uma aura de magnetismo sexual que, num lugar onde os olhos fugiam, era acentuada pela extrema liberdade de seu olhar. Este passeava atrevidamente por aqueles rostos mergulhados na reflexão e por aqueles olhos baixos que não a viam. Sorriu-me. Esperei-a na rua. À noite, levei-a para ouvir música. Para minha surpresa, não era do ramo dos cosméticos, mas estava se preparando para um concurso de *agrégation* na Sorbonne e recém começava a análise. Com Lacan, justamente. Num gesto de impaciência, afastou as perguntas que afloravam em meus lábios para partilhar comigo a indignação que a fazia ferver: algumas horas antes, desdenhando o dinheiro que lhes oferecia, as prostitutas da rue Saint-Denis, uma após a outra, tinham se recusado a *subir* com ela! Para estar certo de ter ouvido bem, pedi que repetisse: repetiu. Afirmei-lhe com gravidade que na época das casas de tolerância nenhuma das pensionistas teria corrido o risco de fazê-la suportar tamanha afronta.

A falsa espontaneidade de meu apoio moral criou uma imediata cumplicidade entre nós.

Esqueci seu nome, não seu perfume.

Algum tempo depois, com a maior naturalidade do mundo, contei a Lacan a estória daquela única noite.

No momento em que eu ia embora, ele me reteve um instante e resmungou com um suspiro:

— Escute, você não está aqui para...

"Paquerar" não fazia parte de seu vocabulário.

Não tenho mais na memória o equivalente que utilizou.

Talvez tenha sido evasivo como outras vezes, deixando os ouvintes terminarem suas frases.

Depois do último paciente ter ido embora, acontecia-me muitas vezes de cruzar na rue de Lille com a heroína frustrada da rue Saint-Denis: ia ver Lacan. Como se pode imaginar, sua vida privada era tabu absoluto para mim. Se tivessem querido me revelar, teria me recusado a ouvir. Lera por acaso, numa revista do tipo que Jeanson dizia serem "folheadas com o traseiro distraído", uma notinha cuja baixeza era pesada de fel: Lacan, dirigindo em estado de ebriedade, batera com o carro em cinco veículos estacionados.

Era tão cômico que não pude me impedir de rir em sua presença.

— Eles são realmente idiotas — disse eu. — Enquanto jornalista, suponha que eu quisesse demoli-lo. Sabe como faria?

Sobrancelhas arqueadas, ficou paralisado.

Comecei então a enumerar uma amostragem de parricídios perfeitos. Mal chegara ao fim do primeiro quando ele explodiu:

— Então você também está contra mim?

Já posso ouvir o veredito do esperto de plantão: paranoico.

Respondo: ferida.

Não de amor-próprio. De amor simplesmente. Ele dava tudo.

Queria receber. Por que não haveria efeito de retorno? E se o famoso *desejo do analista,* incluindo Lacan, não fosse senão o de ser amado — além de, através de sua função, ter certeza de que não está louco?

Nessas condições, como não o amar?

Ele saía do campo cercado. Mostrava seu dilaceramento.

Dominado por uma violência interior, ele se expunha.

Por minha vez, queria tê-lo protegido.

Fisicamente.

A seu lado, sentia despontar em mim a síndrome do guarda-costas: que tentem levantar a mão contra ele... Sentia-o frágil. Deixava-o na frente de um restaurante. Olhava-o com olhos de mãe: e se ele caísse, se fosse atropelado, empurrado? Senti-lo tão pouco equipado para a rua o tornava ainda mais precioso para mim.

De outra vez, armaram-lhe uma cilada em Vincennes. Os estudantes praticamente o expulsaram da cátedra.

No dia seguinte, fiz-lhe um breve comentário:

— Era fatal, você sabia. Por que foi?

Ergueu os olhos para o céu com ar exasperado.

Na época de nossos primeiríssimos encontros, a redação de alguns artigos, na Alemanha ou outro lugar, às vezes me fazia dar uma respirada. Numa noite, tão desprovido de dinheiro como de ideias, ofereci a uma revista mensal francesa uma entrevista exclusiva com Claude Lévi-Strauss: aceita. Só me restava realizá-la. Aí entendi o tamanho da dificuldade.

O título da revista em primeiro lugar. Pior ainda: seu conteúdo. Como fazer o autor de *Estruturas elementares do parentesco* engolir o fato de que suas palavras seriam impressas em papel brilhante em meio a uma profusão de seios, pilosidades femininas e um delírio de coxas abertas? Até então, eu só lera dele *Tristes trópicos*. Ficara fascinado com seu rigor e criatividade, com a facilidade, a secura e a precisão de seu estilo. Mas era sua obra... Além da caução de seu nome àquela exuberância de bundas expostas, meus empregadores só esperavam de mim os detalhes de seu dia-a-dia: se tinha filhos, quanto ganhava, o que comia no café da manhã, qual era sua recordação erótica mais intensa etc.

As broncas de Lacan me arrasavam, aquelas laudas permitiriam que eu pagasse vinte sessões e, embora o gosto metálico do remorso e da traição já me viesse à boca, eu não tinha escolha, *devia* executar aquele trabalho. Não sei que rumor informara-me de que Lacan e Lévi-Strauss eram muito ligados. Afinal, como eu era movido apenas pelo desejo de lhe pagar, por que não pedir sua intervenção para conseguir um contato? Eu nunca o vira ignorar um pedido de ajuda *externa*. Aceitou: um simples telefonema e pronto.

Creio lembrar que Lévi-Strauss morava na rue des Marronniers, bem em frente a uma casa de rendez-vous célebre. Recebeu-me com perfeita cortesia. Como eu não podia fazê-lo falar logo de cara de suas fantasias sexuais, tive que ficar mais de quinze minutos enrolando: suas viagens, seu *cursus* universitário, seus projetos.

Ajudado por minha longa prática com pessoas destacadas, eu brilhava no exercício de escutá-las e incentivá-las a falar. Até aí, tudo bem. Apenas pareceu um pouco surpreso quando, incidentalmente, toquei no assunto de sua família. Sem responder à pergunta, continuou discorrendo sobre os índios da Serra Bodoquena. Fascinado pela limpidez de sua mecânica intelectual, por seu humor gelado e sínteses fulgurantes, eu poderia ter ficado horas hipnotizado.

Infelizmente — e eu deplorava —, não estava ali para que me fossem reveladas as semelhanças existentes, apesar das distâncias geográficas, entre as formas de organização social dos Mbaya, dos Bororos do Mato Grosso e dos Guana do Paraguai, mas se ele, Lévi-Strauss, preferia ovos fritos ou quentes, qual a cor de seus lençóis, o nome de seu alfaiate.

Ademais, eu estava convencido — sabe-se lá por quê de que ele *também* era analista. Então tentei uma manobra de diversão por este lado.

Ele arregalou os olhos e assestou-me com secura:

— Se eu fosse analista ganharia muito mais dinheiro.

Entendi imediatamente qual era o endereço da observação e acreditei ter percebido em seu rosto — mas esse "acreditei" é só um eufemismo — a sombra de uma amargura: Lacan demonstrava uma admiração sem reticências por Lévi-Strauss, mas Lévi-Strauss não podia ocultar sua irritação com Lacan.

Senti de repente uma mudança sutil de atmosfera, uma espécie de *reserva* para comigo. Dado que "eu fora recomendado por Lacan pessoalmente, era impossível, a seu ver, que eu fosse o estranho (a seu *saber)* que ele começava a pressentir. Contudo, a situação foi confirmada alguns instantes depois quando, mudando de assunto atacou um problema de linguística sincrônica. Eu conhecia as palavras, mas tinha uma ideia muito vaga do que encerravam.

Para compensar a lacuna fiz, quando só precisava deixá-lo falar, uma pergunta que lhe revelou no ato o desastre de minha ignorância.

Desta vez estava frito. Encarou-me com frieza:

— Escute — disse-me —, para haver diálogo é preciso um mínimo de conhecimentos em comum.

Eu estava tão convencido desta verdade quanto ele.

— É um mal-entendido — respondi com voz calma. — Vim para que me falasse do senhor, das pessoas que ama, do ser humano que é.

— De fato — disse ele —, é um mal-entendido.

Independente do nível das perguntas que eu deveria lhe ter feito, será que, por trás da austera fachada do pesquisador magistral, havia um ser humano outrora chamado Claude, ou fora soterrado pela implacável elaboração do monumento Lévi-Strauss?

Levantamo-nos como um só homem.

— Peço-lhe desculpas. Agradeço por ter me recebido. Até à vista.

— Até à vista.

No dia seguinte, sem mudar uma palavra, participei a Lacan meu lamentável desempenho. De passagem, ele aguentou sem se abalar a farpa de Lévi-Strauss contra sua fortuna, sem dúvida apreciando melhor que ninguém a ponta de despeito que revelava. Eu estava com as finanças há tanto tempo no vermelho que, pressionado pelos credores, consegui admitir a evidência à qual resistira por muito tempo em nome de uma confusa ética da criação: não há um mínimo de liberdade sem um mínimo de independência financeira.

Verdade que me fora ocultada, no tempo em que eu pintava, por uma desconfiança teimosa que considerava a miséria o único fermento da gênese das obras-primas. Contudo, tendo lido toda a correspondência dos gênios, eu sabia que, na maioria dos casos, resumia-se a um grito de duas palavras: "Enviem dinheiro."

Miguel Ângelo a Júlio II: "Tenho setenta anos, estou encarapitado a sessenta metros de altura, com os olhos cheios de poeira, o mármore ainda não chegou. envie dinheiro." Gauguin a Schuffenecker: "Minha perna está apodrecendo, não tenho mais um centavo para comprar tintas, envie dinheiro." Modigliani a Zborowsky, mesma aflição desoladora:

"Dinheiro!" Só a palavra já me fazia suar frio: eu ia precisar de muito para sair do túnel.

Onde ir buscar?

A resposta caiu do céu. Acabavam de ser publicados dois livros — *Papillon* e O *poderoso chefão* — cuja fabulosa tiragem mundial tinha grande repercussão. Na França, a palavra era nova, ou quase: dois "best-sellers" — como eu não pensara nisto antes? Exatamente do que eu precisava para sair do poço.

Ingenuamente, decidi no ato escrever o terceiro. Por que não eu?

Nunca rejeitar o delírio, ele é parte integrante da criação. É motor. Desde que não nos deixemos iludir por ele e o mantenhamos sob controle, ele substituirá, nos dias de grande vazio, a vontade que fraqueja, a coragem que se debilita, a dúvida que paralisa. Tendo lido *Papillon,* ficara *maravilhado* com a oscilação da crítica ao sabor das cifras de vendagem.

Remontando até Gregório de Tours para justificar o ditirambo, os turiferários — inclusive Mauriac — haviam saudado sua chegada como uma "obra-prima de literatura oral". Duzentos mil exemplares... Quinhentos... Oitocentos... Um milhão... À medida que as tiragens subiam, o entusiasmo original dos que haviam tecido coroas de louros se invertia, transformando-se em demolição: não é tão bom assim, tinham lido mal, se enganado, "alguém" os havia induzido a erro...

Por trás desse empenho em destruir, adivinhei, pela violência do recalcamento que o havia gerado, não apenas o conteúdo de *escândalo* que tem todo sucesso, mas também a parcela de narcisismo contida no desejo de demarcar-se da obra, assim que esta foi eleita pela massa, negando a felicidade singular que lhes proporcionara.

Estava escrito na capa: *Papillon* e O *poderoso chefão* haviam sido publicados por Robert Laffont. Não precisava procurar mais: antes mesmo de ter escrito uma linha — de que estória? — eu já encontrara editor. Pedi-lhe uma entrevista, cheguei e repeti o que ele ouve dez vezes por dia há quase meio século.

— Tenho uma ideia de livro.

Estendi-lhe três laudas que resumiam meu projeto. Depois de percorrê-las com atenção, levantou a cabeça e encarou-me pensativamente.

— Eu o conheço como jornalista.

Eu já o amava pelas reticências implícitas da frase.

Sabia muito bem o que fatalmente se seguiria, mas apreciava que lhe fosse difícil dizer. Por fim se decidiu:

— O que me prova que será capaz de escrever esse romance?

Eu também gostava da luz daquele escritório — já devia ter ido lá em outra vida —, uma luz de ateliê em tons de cinza, azul, branco, com as encadernações em cores vivas escalando a parede que tomavam de assalto e, através de janelas que davam para a calma de um pátio, outros tons de cinza, azul, branco: os do céu da cidade onde corriam as nuvens.

Instante decisivo. . .

— Nada — disse eu.

Por que blefar?

— Para mim fica difícil me comprometer a partir de tão pouco...

Entendia-o perfeitamente, porém que mais dizer?

— Tenho vontade de experimentar. Acho que posso conseguir.

Agitou-se levemente.

Poderia me dar alguma coisa para ler?

— Não. Se eu começar, será com o seu acordo.

Mudou bruscamente de assunto.

— Que desejaria para deslanchar?

Eu arrastava algumas dívidas de jogo muito antigas, tinha de pagar o que todo mundo paga para sobreviver, mas, sobretudo, verdadeiro elemento obsessivo, Lacan. Fiz um rápido cálculo mental, dobrei o lance para reservar uma eventual margem de negociação e disse uma cifra.

— Eu precisaria de umas vinte páginas — continuou Laffont como se não tivesse ouvido nada. — E, evidentemente, um plano.

— Sou incapaz de fazer um plano.

— Ah, não — revoltou-se. — Preciso saber aonde vai!

— Nem eu sei.

Tempos depois, quando aprendi a conhecê-lo, soube que, cada vez que seus desejos ou sua sensibilidade ameaçavam pregar-lhe peças, ele se escondia atrás de uma falsa exaltação.

Despedimo-nos com uma solução de compromisso: certo, eu redigiria as vinte páginas. Quanto ao plano, veríamos...

Na mesma noite, pus mãos à obra. Acostumado às distâncias curtas da imprensa escrita, eu não fazia a mínima ideia do ritmo respiratório imposto pela maratona. Ao cabo de vários dias de esforços, tentativas, fracassos, rasuras e rabiscos, acabei conseguindo um vago fôlego. E, uma noite, percebi que chegara ao fim da página vinte. Curiosamente, a última linha, que a terminava, cortava bem no meio não apenas a frase em curso mas a própria palavra que era seu último signo. Ele exigira vinte páginas, ali estavam elas, eu não acrescentaria uma vírgula. No dia seguinte, entreguei-as na place Saint-Sulpice com duas semanas de atraso em relação à data combinada.

Oito dias depois, tive de me ausentar de Paris. Passara-se um mês desde nossa primeira conversa quando voltei. Além das contas habituais e das intimações de oficiais de justiça, encontrei duas cartas cujos remetentes me chamavam com urgência: Laffont, Lacan. Era-me impossível enfrentar o segundo sem ter encontrado com o primeiro.

— E então? — lançou-me com impaciência.

— E então o quê?

— E depois? O que acontece depois?

Entendi que aludia a meu texto.

— Como quer que eu saiba? Ainda não escrevi.

Explosão de raiva... ele não podia trabalhar daquela maneira... meus métodos não eram aceitáveis para ele... e o plano, onde está o plano?.. naquele ritmo, eu levaria dez anos para escrever as mil páginas prometidas... Etc.

Fiquei de pé diante da porta. Ele a escancarou e dirigiu-me esta frase definitiva:

— Aceito suas condições. Venha assinar o contrato amanhã.

O que se sente quando um desejo violento se realiza?

Mesmo hoje, acho difícil de dizer. Porque é absurdo demais: eu estava atordoado. Pior, à beira do desespero.

Caminhava pela rua, martelava-me a cabeça uma ideia aterradora: quer dizer que eu ia *realmente* ter de escrever aquele livro.

Quando? Como? Onde?.. Durante quanto tempo?

Seria sequer capaz?

Cilada!

Cheguei em casa totalmente deprimido.

Outra carta me aguardava.

A brevidade de seu enunciado foi uma bofetada, como uma ameaça adicional: *"Espero-o. Pacientemente."* Datada, conforme seu hábito, com algarismos romanos, assinado Jacques Lacan.

Mesmo se tivessem me explicado como a um débil mental, nem assim eu teria entendido, naquele exato momento, que o feliz sofrimento de *escrever* me libertaria, através do dinheiro doravante garantido, de meu desassossego cotidiano: pagar-lhe.

Pergunta: por que, na hora, eu fingia ignorar essa realidade?

Pois hoje sei o que sabia então.

Era por isso que estava em análise: não tinha coragem de nomear meu desejo.

V

Dialética

9

Embora o espaço seja feito de tempo, o tempo nos corta do espaço.

Se o instante em que aconteceu um fato ocorrido a quinhentos metros de nós tiver se afastado, em nossas recordações, mil anos-luz, a memória o faz recuar a distâncias calculadas em infinito. Na duração, cem metros podem significar vinte anos. Assim, embora eu esteja escrevendo estas linhas em Paris, tão perto do lugar do qual falo, não voltei *mais* à rue de Lille.

Bastariam cinco minutos de táxi para vencer a distância, mas que táxi poderia percorrer em cinco minutos o pedaço de eternidade que me separa de lá?

Bem na frente do consultório de Lacan havia duas lojas.

Ainda existem? Eu nunca passava sem dar uma olhada. Uma delas, de dois arquitetos de interiores, oferecia fascinantes maquetes de apartamentos. Em tamanho natural, onde estavam? Em que bairro? Quem eram seus felizes proprietários?

Como seria bom ser uma borboleta para lá morar! A segunda expunha antiguidades heteróclitas: bonecas do século XVIII, fotos amareladas de Greta Garbo, aparadores medievais, serviços com cristais incompletos; rendas, cachimbos de madrepérola, móveis rococó, retratos desbotados de pequenos senhores esquecidos.

Destacava-se discretamente uma encantadora jovem loura cuja beleza, na sombra da loja, contagiava-se lentamente com a pátina de suas prateleiras.

De tanto me ver passar pela porta da garagem em frente e, por seu lado, de tanto vê-la me olhar e perscrutar, acabáramos nos cumprimentando e sorrindo. Às vezes eu entrava para comentar o horror que eram os velhos relógios de parede dourados que ela vendia. Morria de rir, falava-me de seus fregueses, das divergências de gosto entre os colecionadores, das aldeias perdidas onde desencavava as abomináveis relíquias de preço exorbitante.

Claro, ela adivinhara logo o que eu ia fazer no número 5 da rue de Lille e com quem me encontrava. Embora nunca tenha dirigido a palavra a Lacan, que via ir e vir todos os dias, já o considerava quase da família.

Uma tarde, pareceu-me preocupada.

Explicou que haviam acabado de lhe roubar um objeto de valor, uma bengala de ébano com punho de prata lavrada.

— Quem foi?

— Um cara que vai ao consultório de Lacan várias vezes por semana.

— Tem certeza?

— Absoluta. Eu vi.

Descreveu-o. Identifiquei imediatamente quem era.

Vestido como um janota, de ampla capa preta, camisa branca e *lavallière,* jovem, moreno, barbudo, algo de rígido na postura; se não fosse pelos atavios circenses, não pareceria nem mais nem menos pirado que outras figuras que assombravam o quarteirão delimitado pelas ruas du Bac, de Lille, des Saints-Pères e de Verneuil.

— A bengala é caríssima. Estou muito embaraçada. Será que o senhor poderia me ajudar e falar com Lacan?

— Sinceramente, preferiria que a senhora falasse.

Seu rosto expressou a dúvida.

— Escute — disse-lhe eu —, vou ver o que posso fazer. Se o clima for favorável...

Era maio ou junho. Naquela noite aconteceu que, sendo o último paciente, desci conversando com ele. Eu estava brincalhão. Passamos pelo vestíbulo que separava o pátio interno da rua.

— Aliás — disse-lhe em tom leve e divertido —, tenho de lhe transmitir um recado. Sabe a loja ali em frente? Um de seus pacientes furtou um objeto. A proprietária não tem coragem de falar com você.

— Que paciente?

A temperatura estava amena. Ambos estávamos parados na calçada.

— O janota da capa preta.

— Que objeto?

— Uma bengala.

E, de medo que ele não tivesse entendido bem, acrescentei: — Roubaram a bengala.*

Eludi com cuidado a semivogal final de modo que minha frase soasse assim: *On a volé Lacan.*

Ergueu os olhos para o céu e deu de ombros. Entretanto, resmungou:

— Quando?

— Hoje mesmo. Ela queria que eu lhe falasse antes de avisar a polícia. Por consideração para com você.

Esqueci como a coisa se desenrolou, mas sei que a bengala voltou à loja e o incidente ficou encerrado.

A meu ver, esse exercício de recorte da cadeia simbólica corrobora a teoria lacaniana sobre a primazia do significante. Está viva na memória a divergência que o opusera a Laplanche, que afirmava que "o inconsciente é a condição da linguagem". Lacan replicava obstinadamente: "A linguagem é a condição do inconsciente", o que me parecia tão evidente quanto se eu tivesse de contradizer um interlocutor que afirmasse que seu casaco precedera a ovelha cuja lã havia sido tosquiada para confeccionar o fio com o qual fora tecido:

* *On a volé la canne.*

eis o escolho em que teoria e prática tropeçam, confirmando o que o real implica de recorrência incontornável.

"O único mestre é o significante", afirmara Lacan no seminário sobre *A carta roubada (La lettre volée).*

Em outras palavras, a partir do momento em que o in*veste,* a *carta (lettre)* é mestre do ser *(l'être),* no qual é abolido, por sua vez, o ser *(l'être)* que se torna *letra (lettre)* ,

Pois aquela carta, embora aberta a todos, só pode ser lida por um — o Ser *(l'Être)* daquela Carta *(Lettre):* circular dentro do desfiladeiro onde o imprevisível jogo dos significantes vai modificar seus sentidos e fazer tremeluzir o infinito de suas significações à medida que aqueles se unam ao que os segue, ao que os precede, ao que os corta, ao que os recorta ou, numa montagem inédita de combinações inesgotáveis, ao que os liga ou desliga da história singular, *única,* do sujeito que as habita.

Uma manhã acordo.

Pronta, uma frase sonhada se impõe a minha memória:

"Anthony Quinn debruçou-se à janela."

Sem procurar decodificar, veio-me à mente uma primeira interpretação. A respeito de "Anthony Quinn", leio instintivamente "An Two, ni Quinn".

"An Two" ("an" em francês, "two" em inglês, Já "Ano Dois" de "Oh, soldados do Ano Dois"). Então o sonho me remete a um acontecimento ocorrido quando eu tinha dois anos, no Ano Dois de minha era. Mas — por que não? — também poderia ser a Victor Hugo, que no caso faria referência a meu "eu vitorioso" ("Victor Ego") ou a meu pai, e de meu pai à Lei, e da Lei a seus representantes, de seus representantes à liberdade, da liberdade à prisão, da prisão a um bloqueio psíquico, do bloqueio às grades, das grades ao metal, do metal ao papel, do papel à escrita, da escrita a mim mesmo etc.

De metáfora em metonímia, de deslocamento em condensação, nunca esgotada, a regra do sistema, para que este funcione, é permanecer sempre aberto.

Restam as duas últimas sílabas de "Anthony Quinn" — "ni quinn". Sempre sem tentar decodificar, mas impondo-se a mim à *minha revelia,* ouço "Ni", primeira parte do diminutivo do nome de minha mãe, e Quinn — ler "Queen", em inglês, rainha, rainha mãe. Mas essa "rainha" de "Queen" também pode se articular com o "Rey-rei" de meu nome — com o que, dependendo de minha aceitação ou recusa, o sentido geral da letra, e portanto da totalidade de meu sonho, será modificado.

Como também nada me impede de ligar "Quinn" ao *"s'est"* do *"s'est penché"* (debruçou-se) que o acompanha, o que daria "Quinn-s'est", quer dizer, com uma minúscula alteração fonética, mais uma vez "Quinn-cé", "coin-cé" (acantoado) — por que não? levando em conta a ressalva precedente, cada um poderá brincar de fazer todas as associações que bem lhe aprouver a partir do "debruçou-se à janela" que conclui a frase.

Mas com um detalhe: não serão as minhas.

Tão únicas quanto impressões digitais, pois me determinam como *sujeito* do inconsciente. serão inoperantes para qualquer outro que não *aquele sujeito.*

No caso, eu mesmo.

Pois, sem a especificidade da situação analítica, da transferência que esta implicava e de seu encontro com a singularidade de minhas próprias associações, eu nunca poderia ter posto em funcionamento as chaves da elucidação, cujos signos nada me teria permitido identificar, e ainda menos, é claro, decriptá-las para decodificar o sentido de meu sonho, que remetia a um acontecimento de minha infância que mais tarde ocuparia um lugar entre os sintomas, oriundos da estufa onde se agitam os significantes, atando, fazendo e desfazendo, ao acaso de seu livre entrelaçamento, o destino que é o nosso.

"O significante é o que representa um sujeito para outro significante."

Cada um de nós é *representado* para *um Outro* por um significante, quer dizer, pelo que só pode funcionar dentro de uma cadeia, e só para esta, motivo pelo qual toda comédia humana se articula sobre um tecido de mal-entendidos geradores de violência, falha e racismo.

Nos círculos universitários norte-americanos, é de bom tom zombar da *punheta* dos intelectuais franceses, cuja única preocupação é achar uma ideia nova que torne démodée a moda da véspera. Precisamente num país onde não se toca punheta, onde as pessoas bebem em vez de se perguntar sobre sua vontade de ficarem bêbadas, onde sonham em *ter* porque estão certos de que ter é *ser*, onde o sucesso, jamais colocado em termos de culpabilidade, só é concebido como um "mais" e onde a liberdade, em vez de ser um conceito, existe, como o ar nos pulmões, sem que seja preciso debater sobre ela, tudo parece regido pela fórmula latina inventada por outros há dois mil anos: *Primum vivere, deinde philosophari.* Uma ética na qual os resultados do *como* suprem as vãs interrogações do *por quê* e na qual todo saber, para conquistar um lugar, deve necessariamente desembocar numa técnica, já que só é avaliado em termos de eficácia. Nesse clima, era fatal que a análise muitíssimas vezes se tornasse caricatura de si mesma, fantástico reforçamento do *superego* que oferece no balcão uma amostragem de receitas práticas, um *how to:* "Doutor, que devo fazer com minhas ações da GM, vendo-as ou não?"

Pois a análise, como todo o resto, tem de *servir* para alguma coisa.

O pensamento se torna suspeito, negativo, *unwelcome,* a partir do momento em que chega ao ponto de cometer esse crime de lesa-majestade — lançar a dúvida sobre o sistema em que se baseia, cujo perfeito funcionamento ri de seus questionamentos, e, mais absurdo ainda, negar a si mesmo.

Já deu para perceber que, lá para as bandas de Manhattan ou Idaho, um Lacan não serve para muita coisa.

Uma pena.

Se ele fosse mais lido, e um pouco mais entendido — mas sem dúvida não está destinado a qualquer das duas coisas —, talvez também pudesse ser *utilizado,* no mínimo para denunciar o perigo que corre a grande máquina de fabricar significante. O menor desses perigos não é, impondo à América o contra-senso da infinita variedade de seus sentidos, cortá-la ao mesmo tempo de sua *sensualidade.*

O que ele tão bem resumiu numa frase: "O próprio do capitalismo é ter desprezado o sexo."

Nós também sofremos do mesmo mal, incluindo a dialética da sedução.

Que homem se apaixona por uma mulher?

Que mulher, por um homem?

Como nenhum dos dois preenche para o outro o vazio de seu desejo, cabe ao significado — aquilo a que o significante remete — assumir a ilusão passageira de uma falsa plenitude, é a ele que o *amor* se dirige: ama-se um *toureiro,* um *campeão,* um *presidente,* um *capitão,* um *milionário.*

Ama-se uma *star,* uma *manequim,* uma *aeromoça,* uma *atriz.* Não se ama alguém, alguma coisa: ama-se apenas a palavra que representa a *coisa* que representa *alguém.* Mas, nesse passe de mágica onde desaparece o que constitui cada um, a pessoa acaba se elidindo enquanto sujeito para se tornar ela mesma *signo.*

Transa-se, sem dúvida, faz-se sexo, mas essa prática não implica de forma alguma que os parceiros tenham a mínima *relação* chamada de "sexual". Do latim *sectus.* Quer dizer, cortado, separado, pois a própria palavra implica a falha, a divisão, o cada um por si: a *não-relação.*

Inversamente, só morro porque falo, só tiro minha crueldade da linguagem que habito.

Um cachorro sabe que vai morrer?

Uma árvore? Uma folha? Um sol?

— Afinal, a crueldade e a morte não passam de efeitos de significantes.

— Por que a crueldade? — pergunta Lacan.

— Ela só existe no ser falante. Quando dois animais se atacam, basta que o mais fraco se submeta para que o outro lhe poupe a vida. O homem não. Ele mata por vocação, tortura por prazer.

Ao roubar a bengala do antiquário, é possível afirmar que o janota procurava apropriar-se de Lacan por intermédio de seu furto. Seus bens, seu saber, seu falo e seu nome, de repente representados por um deslizamento de significantes no qual Lacan, reduzindo-se à fonética de suas duas sílabas (la-cã),* metamorfoseava-se, metaforicamente, em objeto de seu desejo: *ter* a bengala, *ser* a bengala.

Nos primeiros tempos, de imersão total, a análise provoca um perigoso estado de tensão que se traduz inicialmente por uma perda do senso de humor. É impossível se desdobrar, criar entre os outros e nós mesmos a indispensável distância do desapego onde a esmola de um sorriso nos afasta do absurdo.

Lembro de uma festa em casa de amigos num salão tipicamente *parisiense.* Sentados na minha frente num sofá, dois rapazes falavam de Lacan. *Um* deles tinha um cargo qualquer no Ministério da Cultura. Eu conhecia o outro, considerado *inteligente,* desde nossos vinte anos.

Durante cinco minutos, tive força para não intervir apesar da burrice das contraverdades proferidas. Depois de atacar metodicamente sua técnica — era um perigoso malfeitor, um charlatão, um assassino —, investiram contra sua pessoa — grotesca e pretensiosa, nem é preciso dizer —, seus casacos de pele, camisas de gola Mao — ridículas na sua idade —, sua fortuna — era escandaloso como ele tapeava os ingênuos — para concluir que estava se tornando urgente "fazer alguma coisa para impedi-lo de prejudicar os outros".

Em ultimíssimo caso, posso me conformar com a fraqueza de uma mentira, mas a injustiça me é insuportável.

— Vocês o conhecem? — perguntei com voz meiga.

— Não, mas sabemos!

— *Um* segundinho... Já estiveram com ele?

Alertados por minha mudança de tom, eles se encararam depois de me lançar um rápido olhar surpreso.

* *la canne,* a bengala.

— Fiz uma pergunta! Vocês o conhecem, leram seus textos ou estiveram com ele?

Calaram-se de repente.

— Quando não se sabe, fica-se de bico calado!

Ainda hoje não entendo o que aconteceu dentro de mim naquele momento.

Senti um véu branco turvar meus olhos enquanto uma fantástica descarga de adrenalina me fez ficar de pé, pálido, com os músculos tensos e o rosto de pedra. Apontei-lhes um indicador assassino e me ouvi dizer com voz gelada:

— Escutem, seus panacas... Escutem bem... Se mexerem uma pestana, se acrescentarem uma palavra, eu mato vocês.

Paralisados, brancos como um lençol, acho que nem respiravam mais. Com medo de cumprir a promessa, dei-lhes as costas. Eles aproveitaram para ir embora na ponta dos pés. A cena não tivera testemunha alguma, salvo a dona da casa, que chegou no instante em que se esquivavam.

Ela captou tão bem as ondas de violência que vibravam no salão que, apesar de nossos laços de amizade, só de ver a expressão de meu rosto, não me fez a mínima pergunta.

Dois meses depois, encontrei num restaurante o que não trabalhava no Ministério. Fui até ele, abracei-o e pedi desculpas.

Existem grandes semelhanças entre a análise e a escrita.

Primeiro, ambas mobilizam uma energia tão total durante as 24 horas do dia que se instala um desagradável estado de *indisponibilidade* para tudo que lhes é estranho — quer dizer, na verdade, *tudo* o resto.

Depois, por intermédio do olhar interior que impõem, seja porque este se concentra propriamente no universo mental em que os tempos se entremesclam, seja por exigência das personagens que habitam o criador, ambas implicam um desdobramento que ergue, entre quem as pratica e o mundo exterior, uma campana de vidro que abafa o burburinho da vida.

Assim como quem nunca esteve muito perto da loucura, quem nunca pôde penetrar no cerne desse ponto focal do isolamento não pode entender o que significa um corte absoluto, nem o sentido profundo da palavra "alhures".

— Estou constrangido... Ontem à noite, fiz uma espécie de análise selvagem. Sem dúvida teria sido melhor ficar calado...

Na véspera, para ajudar uma amiga a sair de uma situação de angústia traduzida num sonho, eu havia sentido uma vontade irresistível de revelar-lhe seu sentido.

— Está perfeitamente qualificado para tanto — disse-me vivamente Lacan.

Eu não sabia muito bem do que ele estava falando. Algumas semanas depois, reiterou:

— Nunca pensou em se tornar analista?

Olhei-o, abismado. Eu, analista?

— Está falando sério?

Eu só estava ali porque havia uma zona de sombra na plenificação de meu gozo e para que de agora em diante não me fosse roubada a mínima parcela do mundo exterior na plenitude de seu espaço e tempo.

— Consegue me imaginar sentado numa cadeira durante anos a fio ouvindo mil vezes as mesmas coisas que tentei resolver ao vir aqui?

A análise não era senão um meio para minha liberdade. Não um fim em si: meu talento para a infelicidade era reduzido demais para eu desejar exercer profissionalmente a escuta da dos outros.

10

O Gordo estava desmoronando. Cada vez mais, pensava em escapar de Paris. Eu via que ele ia afundando, como se vivesse numa água morna que não aguentava mais seu peso, e não podia fazer nada, apesar de seu desejo de enraizar-se por intermédio de coisas simples

— terra, árvores; vinho —, de seu desejo patético de se comunicar, dos jantares aonde chegava carregado de garrafas e víveres. Tudo nele dizia "me amem" e, por uma espécie de desconfiança que emanava de sua pessoa, tudo nele afastava os outros.

As armas eram sua nova mania. Levantava cedo para ir ao Marché aux Puces, de onde trazia velhos bacamartes, pistolas enferrujadas, adagas antigas, baionetas alemãs, espadas. Também possuía dois ou três revólveres último tipo que vivia lubrificando, desmontando e montando com amor antes de embrulhá-los cuidadosamente em camurça.

Perguntou-me rindo se eu nunca tinha feito roleta-russa. Ele tinha.

Contou-me que, certas noites, acontecia de ele colocar uma bala no tambor, girá-la muitas vezes, encostar o cano no ouvido e apertar o gatilho.

Quanto menos capaz de viver ele me parecia, mais me doía a luminosidade de seus achados intelectuais. Naquela época, enquanto dava continuidade a trabalhos de etimologia, ele estudava o mito dos cavaleiros da Távola Redonda. Em sociedade, ele era nulo, canhestro. Criava em torno de si um inquietante vazio.

Várias vezes, para fazê-lo mudar de órbita, tirá-lo da ruminação melancólica que com frequência o deixava *ausente* para os outros e para si mesmo, eu o convidara a jantares nos quais a animação dos convivas, verdadeira ou falsa, era o oposto do que o agitava.

Eu acabava sempre enfrentando a mesma situação de fracasso: aquele rei se comportava como mujique. Espalhava mal-estar. Entretanto, eu teria dado qualquer coisa para que reconhecessem o que sua *qualidade* tinha de único.

Mas um número elevado demais de *detalhes* o separava do outro — discurso, comportamento, maneira de vestir —, *signos* irrelevantes que, por marcar os que pertencem ao código de uma hierarquia social, situam, determinam um lugar: onde era o dele? No extremo oposto, podia-se fazer carreira com um nó de gravata. Entre os amigos do vazio, três flores ou um elogio serviam de passaporte. Mas os pulmões do Gordo só podiam se expandir na altitude. Nos Estados Unidos existem aviões de grande desempenho incapazes de decolar por seus próprios meios. São presos ao ventre de um bombardeiro que sobe direto e os solta a doze mil metros de altura. Então, mas somente então, podem arremeter três vezes mais alto no azul e, livres da gravidade, no cosmos, aonde ninguém pode acompanhá-los, evoluir em velocidades e com leveza inauditas.

"Suas asas de gigante": o Gordo era isso.

Solto além das nuvens, era capaz de revoluções vertiginosas. Em terra, arrastava-se.

Eu ficava furioso: seria tão complicado assim aprender a usar um garfo, não bocejar em público nem arrotar à mesa?

— Eu vim de muito longe — respondia ele.

Fazendo contrapeso à sua falta de adaptação, a delicadeza de seu coração era extrema. Em compensação, com as mulheres — havíamos partilhado algumas —, comportava-se com uma alucinante brutalidade de portuário.

Ele dava de ombros.

— Você não sabe de nada.

— Ah, não? O muro das lamentações sou eu.

Pensei ter adivinhado de que falha provinha sua falta de talento para o cotidiano, mas estava enganado, ele era muito mais grave: ele partia de um fato, teorizava sobre ele, intelectualizava e tirava sem nuances uma consequência prática:

— No tempo das cavernas, nenhum homem perguntava a opinião delas.

Não é preciso desenvolver: este tipo de aforismo ilustra com perfeição em que ele estava errado em ter razão.

Quando eu lhe falava do Gordo, Lacan ficava muito distante.

Há algum tempo, eu mesmo tinha a impressão de que minha análise não saía do lugar.

— Por quê?

— Porque você resiste — dizia Lacan.

A quê? Que muro invisível me bloqueava?

— Estou escutando. . .

Silêncio.

— Diga...

— Nada.

Às vezes, entrando no meu sistema, ele me deixava ir embora depois de alguns minutos. Eu ficava doente de pagar para não dizer nada. Em outros momentos, deixava-me ali muito tempo, disponível à escuta — chamada de "flutuante", provavelmente para melhor indicar a diferença entre o analista que flutua e o analisando que está afundando — enquanto brincava com seus nós, ideogramas e fitas de Moebius. Há muito tempo que eu chegava ao consultório sem hora marcada, quando queria. Meu ritmo biológico natural é ir deitar quando o sol nasce. Será porque o tempo da noite é aquele em que os sonhos nos visitam? Ele me confiara que fragmentava seu sono em dois tempos de três horas.

Sua vida tinha o mesmo recorte, que lhe era pessoal, que escrita, seminários, analisandos e o resto. Para maior comodidade de seus alunos e pacientes, ele decidira de uma vez por todas submeter seu calendário à escansão do ano acadêmico. Páscoa, Natal, fins de semana, agosto e julho ficavam, portanto, sob o signo das *vacances (férias),* com os dois braços do sentido na etimologia da palavra "vacância", que significam muito justamente tanto "vazio" como "falta". Eu aproveitava a escolha que ele me deixava para chegar ao consultório justo antes que ele fosse embora. Seu último visitante muitas vezes era um cara ao mesmo tempo furtivo e desenvolto que, aproveitando-se de sua paixão de bibliófilo, vinha oferecer edições raras: nunca saía de mãos abanando. Curiosamente, a porta do consultório sempre ficava aberta durante as negociações, como se ele quisesse ser enganado diante de uma testemunha. O vendedor, com a sacola preta cheia de livros preciosos, abocanhava os punhados de notas que Lacan tinha pego da mão de seus pacientes no correr do dia e enfiado negligentemente no bolso. Algumas vezes eu o ouvia dizer não. Com paciência, jogando com longos silêncios e com seu desejo, o vendedor instigava-lhe a cobiça deixando que folheasse outras maravilhas. No fim da sessão, quando Glória já fora embora, eu lhe oferecia carona para onde ele quisesse. Nos últimos tempos, que foram também os últimos anos de sua vida, eu o sentia nervoso, cansado. Uma noite, atrás da estação de trens de Orsay, quando, sentado ao volante, passei o braço na sua frente para abrir a porta do carro, ele bateu violentamente com o joelho na carroceria.

— Merda! — exclamou com raiva.

Mudando subitamente de expressão, voltou-se para mim com um aterrorizante sorriso destinado a esconder a careta de dor.

— Muito obrigado. Desejo-lhe uma boa noite.

Às vezes eu o acompanhava até a entrada de um chinês no alto da rue de Tournon. Assim que saíamos do consultório e entrávamos no carro, a conversa derivava para assuntos neutros: teatro, exposições, o sol e a chuva.

Com obstinação, eu marcava ainda mais a fronteira que separava Lacan, meu analista, do Lacan homem público, do qual eu não queria saber nada. Entretanto, acontecia de, independente de minha vontade, haver interferências.

J.-C.L., um amigo jornalista, que não tinha ideia de nossa relação, contou-me morrendo de rir um almoço com Lacan que ficaria gravado em sua memória.

Depois de quinze minutos de uma conversa que pulava de um assunto a outro, Lacan declarou-lhe com admiração sincera:

— Estou fascinado pela sua *ignorância!*

Então passou a instar J.-C. L. a pedir os pratos mais caros, insistindo em que se empanturrasse mais, tratando-o como objeto precioso para o qual nada era excessivo.

Eu escrevia.

Minhas janelas davam para um parque. Durante treze meses, até redigir mil e duzentas páginas e terminar meu romance, acompanhei o desenrolar das estações através da metamorfose dos castanheiros centenários. O efeito desejado acontecera: doravante eu podia retornar à rue de Lille o quanto quisesse sem temer a fúria de Lacan. Quando o livro foi publicado, dei-lhe um exemplar de presente: "A Jacques Lacan, que me devolveu o uso dos olhos e a possibilidade da palavra."

Dedicatória bem fracota, comparada com o que eu lhe devia.

Na verdade, eu mal estava no meio do caminho e ele já me oferecera esta dádiva inestimável: graças a ele, eu aprendera o ódio.

Ou, se preferirem, seu corolário invertido: o amor.

Não que já não tivesse sentido um e outro, mas porque antes teria me parecido inconveniente, mas sobretudo menos *heróico,* não controlar sua manifestação.

Até me pergunto se, de tanto reprimir seus efeitos, eu simplesmente não tinha deixado de sentir suas feridas.

À ideia de poder — sempre me fora delegado sem eu ter pedido, e ainda menos procurado tomá-lo — sempre se associara a de máscara. Ou antes, era o embrião de poder que eu exercia que me fazia adotar a máscara que eu imaginava *ficar bem* para o exercício do poder: não deixar transparecer nada das emoções, não demonstrar estados de espírito, nada dizer para se sentir protegido do Outro pelo mal-estar que o silêncio, como um espelho opaco, provoca nele, jamais evocar o objeto do próprio desejo para conservar uma chance de ter acesso a ele, *girar em torno,* dissimular, prezar a curva e, finalmente, de tanto fingir não ver o alvo, ou melhor, fazer de conta que não existe, passar ao largo dele.

Viver mascarado. Não dar o mínimo flanco. Ser liso.

Utilizar esses dois velhos escudos do recalcamento: o suposto pudor, outra máscara que sela os lábios às revoltas e remete ao turbilhão de palavras que apodrecem por jamais terem sido ditas, e o escárnio, acompanhado dos estereótipos ligados a ele como "simples demais", "fácil demais", "ultrapassado", "já conheço" etc.

Como se catástrofes e venturas dissessem respeito a outra pessoa, eu as acolhia sem distinção, com o mesmo sorriso neutro. Planava nas zonas serenas onde nada podia me atingir, praticando, comovido com minha própria generosidade, o perdão das ofensas. Que ofensas? Será que eu sequer as sentia?

Perdido no próprio esgotamento de meu gozo — mas trapaceando comigo mesmo quanto à natureza de meus verdadeiros desejos —, tudo só se destinava a manter ao seu redor a cerca cuja natureza minha aparente indiferença disfarçava: desde que nada o ameaçasse, pouco me importava o resto.

Até que fui atingido em cheio pela observação irritada de uma pessoa próxima:

— No fundo, com esse ar de *belo indiferente,* você acaba tratando os inimigos do mesmo modo que os amigos.

A análise acabou com isso: com a extinção de todo medo, pude por fim sentir a felicidade de ser *vulnerável.*

Brotaram em mim, numa ebulição assustadora, os gritos bloqueados por trás de minha carapaça de afabilidade cordial.

A partir daí todos souberam a que se ater quanto a meus sentimentos em relação a eles. Quando eu amava, amava para valer.

Quando odiava, odiava para valer, e também não tardavam em perceber. Uma única vez, mas por razões ambíguas — estupefação, revolta, abatimento e prazer perverso mesclados —, calei.

Meu livro acabara de ser publicado. Fui parar num estande forrado de cartazes reproduzindo sua capa, perto de Paris, dedicando-o a livreiros que haviam convidado alguns autores a seu congresso anual. Meu vizinho de estande era Ionesco. Pelo fato de ter dinamitado uma certa convenção teatral e de ter criado *Le roi se meurt,* que me causara grande impacto, ele sempre ocupara um dos primeiros lugares em minha galáxia literária. Naquele dia, estava autografando seu primeiro — e creio que único — romance, *Le solitaire.* Entre um uísque e outro, trocávamos sorrisos, piscadelas, frasezinhas cúmplices.

Já me encontrara com ele por acaso num vôo Helsínque — Paris onde faláramos de seu *Journal en miettes* e eu esperava que, se o álcool ingerido não nos fulminasse, retomássemos a conversa depois dos autógrafos.

Há algum tempo que eu sentia às minhas costas a presença de três homens saltitando de lá para cá. Virei para ver. Tipo jovens executivos *superiores.*

Visivelmente, tinham alguma coisa para me dizer. Apresentaram-se: jornalistas *literários*.

Um deles pigarreou...

— Não fica constrangido?

— De quê?

Com um gesto entediado, varreu o espaço para designar os cartazes de meu estande.

— De começar sua *carreira* assim?

Não entendi logo aonde ele queria chegar.

— Esse espalhafato... Esse estardalhaço... — recomeçou com uma voz arrastada onde pesava uma grave censura.

— Era tarde demais.

Primeiro, eu há muito não sentia mais a culpabilidade de *ser*. Depois, como eu era do ramo, não podia deixar de me perguntar quantas obras-primas inéditas redigidas por seu punho atravancavam as gavetas de sua mesinha de cabeceira. Outrora, esse tipo de reflexão, em virtude do abismo de interrogações que abria, poderia ter me deixado destruído semanas.

Aquela mulher... Cinquenta anos, melancólica, rabugenta... Depois eu ficaria sabendo, sem ser capaz de tirar conclusões do fato, que sua própria filha, que morava com ela, suicidara-se em casa. Eu mal passava dos vinte anos. Estava começando.

Eu escrevia ou desenhava, indiferentemente, segundo a lei da oferta e da procura.

— É muito grave o que o senhor está fazendo.

— Eu? O que estou fazendo?

— Escrevendo e desenhando.

— E daí?

— É preciso escolher. As duas coisas ao mesmo tempo, não.

— Por quê?

— Porque ao fazer as duas, está roubando trabalho de outro!

Meu pai era meigo e bom. O exemplo e a educação que eu recebera dele eram feitos de generosidade, coragem e desprendimento. Naquela época, na aldeia onde velavam os ciprestes, quando alguém queria pagar qualquer coisa a resposta era sempre a mesma: "Ora, não tem pressa." Teria sido de mau gosto insistir. Tratando-se de dinheiro, nunca havia *pressa* e não teria passado pela cabeça de ninguém *se apressar* por causa de dinheiro.

O que demonstra como minha infância foi preservada de inveja ou maldade. Demonstra também a que ponto eu estava desarmado quando, mais tarde, como cada um de nós, pelo simples fato de existir, tive de enfrentá-las...

Nas manhãs de inverno, é a guerra. Nenhum ruído vem romper o sussurro sedoso de minha bicicleta na estrada. Por trás dos sobreiros e do mato na terra árida, é a mesma luz fria e vermelha que nasce. Os últimos retalhos de noite que a luz desaloja, meu pai fazendo café para mim, a vacuidade do sono que ainda resta. São sete horas. Tenho doze anos. Com a pasta presa no quadro da minha bicicleta, dou as primeiras pedaladas pelas antigas ruas mortas. Saio da aldeia e ataco a estrada. Numa baliza, deveria haver uma pedra. Não há. Então sou o primeiro. O outro menino que também vai ao colégio ainda não passou. Ataco a primeira subida. Estou de luvas de pele de coelho, com as mãos queimando de frio. Os arbustos estão secos, duros e achatados; por trás deles veem-se pedaços de terra ocre e os sarmentos petrificados das videiras. Às vezes passa um caminhão a gasogênio caindo aos pedaços. Finjo indiferença mas, assim que me ultrapassa, ergo-me nos pedais para alcançá-lo, segurar nele e ser levado por alguns quilômetros.

— *Não fica constrangido de começar sua carreira assim?*

E aquele pára-quedista alemão cujos berros ouvi no ar límpido de uma manhã luminosa da Provence ocupada antes que ele se esborrachasse no chão, e minha avó no leito de morte, e meus amigos perdidos, e os loucos lapidados e as mulheres de cabeça raspada, despidas e atiradas à multidão, e as metralhadoras nas valas, de ambos os lados da estrada, e meu pai levado de maca com o nariz cheio de tubos, e os que mordiam a terra como se cravar-lhe os dentes pudesse protegê-los das bombas, e tudo o que me agredira, a morte, o sangue, o amor, a traição, e que eu não pudera vomitar.

Eu sabia que, para se alimentar e dispor da proteção de um teto, cada um de nós devia pagar à vista com a única verdadeira moeda da qual a eternidade nos dá retorno: as horas.

O dinheiro circula. Vai, vem. Um dia sem, outro dia com.

Mas e o tempo?

Quantos minutos ainda nos restam a viver?

Comparado ao tempo, o que vale quanto?

Carreira?

Às vezes torno a pensar nisso, sobrevoando o planeta a dez mil metros de altitude num jato no qual, três horas antes, eu não sabia que o capricho me faria embarcar.

Muito abaixo, sob o teto de nuvens irisado de sol, cidades enlameadas e cinzentas dormiam na névoa povoadas de montículos de segredos minúsculos, de ambições inúteis e de anões que se degolam por uma cadeira de criança à porta de cemitérios superlotados.

Também torno a pensar nisso nas águas puras de um lago salgado onde penetro na tepidez azulada de um jardim de algas verdes.

Ou em outro lugar, onde o mundo é diferente, novo quase, infantil, espontâneo, e onde sou, e onde deixo de ser.

Penso nisso, penso...

Tenho o tempo todo para pensar.

Entre a ordem simbólica, onde, em seus efeitos de desconstrução, a linguagem impera, e o imaginário, que me projeta para o impossível onde o real é limite, possuidor *ao menos* de meu tempo, o tempo que resta a viver, o tempo que vivi, o tempo que conquistei, o tempo que ganhei acreditando ter perdido, amo quando posso, vivo onde me dá na telha e vou embora quando quero.

Por certo, com a tragédia infantil e cômica que minhas escolhas implicam, não faço *carreira:* mesmo supondo que eu tivesse tido vontade de fazer, devorando meu tempo em tempo integral, a vida não teria me dado tempo.

— Não tenho certeza de que ela realmente gozou — disse eu.

— E você? — retorquiu-me Lacan.

Meu sorriso valia sem dúvida todas as respostas.

Como sempre quando me fazia pôr o dedo numa evidência, abriu os braços, deu um suspiro e levantou.

— Até amanhã — disse ele.

11

Um mentiroso diz: "Minto."

Ao dizer "minto", está dizendo a verdade.

Portanto, ao dizê-la não está mais mentindo. Assim sendo, ainda mente, mas se mente é só porque diz a verdade ao confessar que é mentiroso.

Por conseguinte, ao dizer a verdade quando reconhece mentir, volta a ser mentiroso por pretender que está mentindo.

Conclusão: pode-se mentir por dizer a verdade e, inversamente, dizer a verdade quando se está mentindo.

Exemplo típico de impasse lógico onde o "logos" se vira pelo avesso para jogar com o sujeito o jogo mortal do "ego" onde se aliena o "eu" .

Quando interfere no discurso a moeda falsa da linguagem onde se insinuam, por serem reversíveis, os sentidos contrários do sentido, o sujeito de quê?

Da verdade? Da mentira?

Ao me dizer, quando de nosso primeiro encontro, que tinha uma amiga no jornal onde eu trabalhava — o que era mentira —, Lacan só mentira para melhor fazer brotar um efeito de verdade — saber se eu mesmo era mentiroso.

Em compensação, como toda mentira, pela própria natureza de seu conteúdo e de seu continente, não é senão o ponto focal do lugar onde a verdade se manifesta, mentir para ele quando eu "resistia" teria equivalido, de minha parte, a que fosse revelado rápido demais o que eu não estava disposto a ouvir. Em outras palavras, eu só podia mentir a mim mesmo falando a verdade, pois a "verdade" não era senão uma defesa adicional para recalcar as revelações prematuras que eu poderia ter arrancado de meu inconsciente.

Vê-se como, por intermédio dessa inversão lógica,se eu tivesse mentido a ele, o dito teria sido tão verdadeiro quanto se tivesse sido falso.

— Nos dois casos, diga eu o que disser, desde que fale haverá inelutavelmente efeito de verdade.

Aprovação de Lacan.

— Mesmo, e sobretudo, quando minto?

Rosto neutro...

— Sem mentir, tenho portanto direito de afirmar que tudo que digo é verdade pelo simples fato de dizê-lo.

Concentração, e depois:

É um paradoxo que não posso aceitar.

Ser amado é encarnar-se momentaneamente na fantasia do Outro. Mas como a lógica desse amor é para sempre interdita a quem se torna seu objeto, tanto quanto ao Outro, a partir daí o inverossímil se torna possível: eu que sou feio, velho, capenga, maneta, eu que cheiro mal e não tenho mais um fio de cabelo na cabeça, eu com meus três últimos dentes moles, eu que sou gordo, desprezível, frouxo, como posso ser desejado pela mulher mais bonita do mundo com a qual todas as noites, no instante dos automatismos conjugais, sonham milhões de homens que precisam de uma imagem?

A resposta inscreve-se na pergunta: a fantasia dessa mulher mais bonita do mundo é precisamente o *lixo erótico,* um cara velho, feio, desdentado, maneta, capenga, gordo, frouxo, desprezível, fedorento etc.

Todo "por quê" nos remeteria ao aparente ilogismo da lógica do inconsciente: todo aprofundamento, à prática que detém suas chaves: a análise.

Sabendo-o, cada vez que eu me tornava objeto de uma fantasia, fingia, para entrar em cheio, não me assombrar com minha surpresa; não que eu tivesse, mais que outros, a aparência de refugo, mas gostava tanto das mulheres que me parecia milagroso que com algumas fosse recíproco. Depois de frequentá-las muito, eu finalmente entendera em que, muitas vezes, tornando-me seu *objeto,* iludia a mim mesmo: como algumas eram "símbolos" pretensamente "sexuais", aceitar sua intimidade significava colocá-las por procuração na cama dos amigos que tinham me instado a conhecê-las. Não, é claro, que eles as possuíssem realmente, o que não abriria senão o capítulo ordinário da homossexualidade por pessoa interposta, na qual dois homens, recalcando a ideia do ato que os uniria num significante infame *("veado"),* realizam-no metaforicamente — usam o "mesmo corpo" — por intermédio de uma mulher cujos favores partilham.

De maneira mais boba, era para agradá-los — ao escrever, percebo que eu mesmo caio no que acabo de denunciar: digamos que, de certo modo, eles me delegavam o encargo de satisfazer sua própria fantasia. Para não decepcioná-los, só me restava assumir a decepção inerente ao encontro com o real quando este, ampliado pelo imaginário coletivo, deixa nos lábios, ao enfrentar o choque, apenas um gosto insípido.

— Ela é sublime, você tem todas *as* chances, ela faz o planeta sonhar. Você não vai deixar passar!

— Por que não você?

— Se eu pudesse...

Embora algumas delas, apesar da beleza, não me atraíssem especialmente, eu gostaria de evitar, até com a ajuda do distanciamento no tempo, o ridículo de bancar a vítima: minha pulsão, se não meu gozo, era sempre satisfeita.

Acorrentada aos parâmetros culturais da época, do lugar e de minha própria deformação profissional — beleza, nome, fortuna, glória —, a pulsão não deixava de estar desviada de seus objetivos verdadeiros.

Quais?

Justamente os da pulsão, que, sendo cega, não deixava de me empurrar para objetos perfeitamente estranhos ao código estético de minha *cultura,* mas nos quais a *natureza,* que opera sem o assentimento daquele a quem subjuga, ficava satisfeita: a pulsão genital tem razões que a razão desconhece.

Em que pré-história qual idiota lançou o boato — amplificado pela mídia, corre mais que nunca — de que o belo era excitante, se quase sempre, com exceção do amor que anula a clivagem entre ambos, estética e erotismo não têm relação *(sexual,* é o caso de dizer)?

O belo é excitante, de fato, mas num registro não relacionado com a excitação genital. É preciso denunciar também esta outra burrice espalhada pelo besteirol dos sexólogos: ao contrário do que repetem, o sexual não é orgânico.

Só existe ponto "G" no sonho, na acupuntura e na fisioterapia, no erotismo não.

Da mesma maneira e inversamente, nem para o autor do *Kama-sutra,* e sem negar o *gozo do saber,* há o *saber do gozo.* O gozo é incomunicável por essência, e, por conseguinte, não se aprende: só se inscreve pelo desejo que emana daquele a quem dilacera. Nenhuma técnica é sua causa; ele é apenas efeito desse desejo. Em outras palavras: em que pesem as mais deslumbrantes proezas físicas, a *boa trepada* não existe de modo absoluto. Ou então, se percebida como tal, é por efeito placebo, que só tem valor para a/o parceira o sobre a/o qual age o elemento de uma técnica *no interior* da erotização de sua fantasia.

Frase de um amigo entregue em Bangcoc às mãos experientes de seis beldades tailandesas: "Não senti nada, estava bloqueado."

Quais são as primeiras impressões que nos inclinam para o que, mais tarde e para nossa estupefação, fora de todo critério estético, nos excita? Como no caso de todas as coisas que se agüenta, e portanto inconscientes, nossa primeira infância detém a chave. Entre um "perverso" e um "normal" — supondo-se que haja uma diferença de estrutura entre ambos —, a fronteira é frágil.

Lacan adorava tudo que se relacionava com as interferências da ordem simbólica no registro da relação carnal: em que o significante, conforme votava um dos dois participantes à sacralização ou ao desprezo imaginários, influenciava o ordenamento dessa não/relação sexual?

Em outras palavras, mais cruas porém mais claras, o pau sobe da mesma maneira com uma criada e com uma rainha?

Não há "relação sexual", talvez, certamente.

Mesmo assim se trepa.

Mas como se trepa conforme com quem se trepa?

Os poetas e os gênios sabem, sem nunca ler aprendido, o que não se aprende. Graça injusta que, precisamente, os faz poetas. Basta-lhes alguns versos libertinos, engraçados ou leves para agitar no coração verdades que fazem escorregar os pontífices:

Quand je pense à Fernande, je bande, je bande
Quand j' pense à Félicie, je bande aussi
Quand j' pense à Léonore, alors je bande encore
Mais quand j' pense à Lulu, là je ne bande plus
La bandaison, papa, ça n' se commande pas... *

E quanto ao suposto gozo?

Eu conhecera servas, conhecera rainhas — por conhecer deve-se entender "cog-nascere", quer dizer, "nascer juntos", no mesmo instante, no enigma da primeira vez onde não vigora *saber* algum.

Deu tudo errado. Passei uma hora tentando tirar aquele troço de diamantes que tinha ficado preso em seus cabelos.

— Um diadema?

— E depois?

— Nenhuma, maravilha,

— E aí?

Dei de ombros.

— Fiquei nervoso. Comecei a tratá-la...

— A tratá-la como?

---

* Quando penso em Fernande, o pau sobe, o pau sobe / Quando penso em Félicie, o pau sobe também / Quando penso em Léonore, sobe de novo / Mas quando penso em Lulu, não sobe mais / O pau não sobe quando se manda.

— Como uma puta.

— E então? — perguntou Lacan.

— Então, nada. Foi bom.

Decodificação analítica: ao trocar, por instinto, sem saber a que operação semântica procedia, a esmagadora majestade da palavra "rainha" pelas quatro miseráveis letras de "puta", eu sentara majestosamente, por assim dizer, num significante — a palavra, desta vez, deve ser entendida em sua conotação semiológica.

Metaforicamente, só essa substituição de significantes, supondo-se que tenha existido um significante, teria permitido um enfoque diferente do problema por meio da mudança de *atitude* que implicava de minha parte, e, por conseguinte, da de minha parceira. Assim também, uma vez mais a *não-relação* dita sexual: com uma rainha — sobretudo — o significante é rei.

Ele formulara esta magnífica definição: "Uma histérica é uma escrava que procura um mestre sobre o qual reinar."

A do Gordo, embora em termos menos magistrais, também não era nada má: "Ela não tem o falo dentro das calças, mas na cabeça. Grande como uma catedral. E com ele quer sodomizar o planeta!"

No tempo em que me era indifente ser o objeto da fantasia do Outro pelas razões pulsionais desenvolvidas acima, convivi com muitíssimos deles sem realmente dominar seu modo de usar.

Elas me manipulavam, sem dúvida.

Porém, até a satisfação do desejo que tinham suscitado, e que lhes dava poder sobre mim, elas também se tornavam objeto efêmero do novo objeto que haviam escolhido.

Naquela época, imerso num banho de culpabilidade difusa, eu nunca sabia como pôr termo ao infinito de suas exigências, assim como tampouco entendia por que, quando eu dizia não, elas respondiam sim, e quando eu me aventurava a arriscar um sim, elas opunham imediatamente um não.

Quando de um caso espinhoso, o Gordo me deu uma robusta aula que me tirou do sufoco.

Ela tinha vindo me ver sob que pretexto, deixando bem claro que só esperava um sinal meu. Dei o sinal. Convidou-me a ir a sua casa, Fui. Ela escrevia. Pediu-me que lesse um de seus livros. "Um" não, "seu", o único publicado e cujo exemplar, que me entregou com as precauções de quem carrega um cibório, era, é claro, o derradeiro que possuía,

Cometi o erro de pegá-lo.

Uma semana depois, sem notícias minhas, fez disso pretexto para ficar me ligando sem parar.

— Preciso de meu livro.

Onde era mesmo que eu o tinha metido?

Em meu desejo inconfesso de riscá-la da memória, eu conseguira afastar a bomba-relógio que ela tinha colocado no meu bolso só para servir de isca.

Seu tom ficou mais duro, ameaçador.

— Meu livro!

De medo de ouvir sua voz, cheguei a não ter mais coragem de atender o telefone. Até o dia em que, num restaurante, tive o azar de dar de cara com ela, que estava com uma amiga.

Com desprezo glacial, recusou a mão que eu lhe estendia. Sentindo-a prestes a fazer um escândalo, bati lamentavelmente em retirada sob uma saraivada de apreciações amargas.

Já no dia seguinte os telefonemas recomeçaram.

— Meu livro! Cadê meu livro?

— O livro, ela não está nem aí para o livro: comprou mil exemplares encalhados que estão apodrecendo em seus armários — disse-me placidamente o Gordo. — Você sabe muito bem que não é isso o que ela quer.

— O que devo fazer?

— Quer que ela lhe deixe em paz? Vá fundo. Xingue-a com o que puder encontrar de pior.

Algumas horas depois, ela ligou de novo.

Fiz mentalmente o sinal da cruz.

— Escute aqui, sua vaca. Aquela merda de livro eu joguei na privada e dei descarga. Agora, está avisada: se você me telefonar de novo, vou quebrar sua cara! Não quero mais ouvir sua voz, nunca mais!

Enigma da violência desbocada na terapia da histeria: nunca mais me ligou.

— Você é bruxo, é!

Careta cética do Gordo.

— Histéricos, homens, mulheres, todos nós somos. Simples questão de grau.

— Existe tratamento.

— Você viu.

Manhã de agosto em Saint-Tropez, no Sennequier. O café acaba de abrir as portas. O sol já nasceu há muito tempo, eu ainda não fui deitar. Naquela hora e naquela estação, fora duas funcionárias sonolentas varrendo distraidamente, não há ninguém no porto adormecido onde se alinham centenas de cadeiras vazias nas calçadas dos bares. Salvo, duas mesas adiante, as ocupadas por Picasso e Jacqueline. Sou cronista. A cada dia, tenho que alimentar de informações uma página inteira de cotidiano: Picasso caiu do céu. Chegada súbita de um quarto ladrão, barbudo, sessenta anos decrépitos, cujo andar vacilante anuncia o vagabundo vindo de uma bebedeira sob as estrelas, a não ser pelo bloco de desenho que traz debaixo do braço.

Vai direto até Picasso e, brandindo a mão direita, agita-lhe um *fusain* diante do nariz.

— Posso?

Sorriso de Picasso: estou louco para adivinhar se o homem da arte ambulante reconheceu seu ilustre modelo. Como saber?

Imperturbável, começa a rabiscar num bloco de papel enquanto Picasso e Jacqueline conversam bebericando seus cafés expressos.

Dez minutos depois, o retrato está terminado.

— Mostre — diz Picasso.

Pega a obra. De passagem, dou uma olhadela: é infame.

Picasso a examina com a mesma concentração e seriedade que se dedicaria um incunábulo.

— Excelente — diz ele. — Quanto lhe devo?

Então, o outro:

— Para o senhor, Mestre, é grátis.

Quer dizer então que o conhece!

Ademais, acaba de falar como um senhor.

Com um movimento do queixo, Picasso aponta para o bloco e o lápis.

— Dê aqui.

Em alguns traços mágicos, suntuosos de tanta segurança e simplicidade, executa o desenho de uma cabra, data, assina e entrega a seu obscuro colega: gesto de um príncipe.

Lembro-me com ternura do texto que redigi no livro de ouro de uma galeria da avenue Matignon onde ele expunha algumas telas recentes — não é uma desculpa, mas eu tinha vinte anos: "Por que não ficou em sua fase azul..." Rubricado com meu nome sublinhado com força e seguido da orgulhosa menção "pintor" — ele precisava saber que o julgamento não provinha de qualquer um, mas de um de seus pares, nem mais nem menos. Sempre o *significante:* a palavra "pintor" nos ligava na ilusória identidade de sua função metafórica.

"Pintor" o vagabundo, Rembrandt, o amador do domingo, Goya, eu, Vermeer, o pintor de paredes, e Cranach, e Rafael e Picasso: a partir do momento em que pintávamos, tínhamos todos em comum o fato de sermos "pintores".

Já que a mesma palavra, englobando uma ação idêntica, colocava-nos a todos no mesmo saco, o abismo que separa qualquer borra-tintas de Miguel Ângelo podia ser deixado de lado: não usávamos todos um pincel?

Pintor era também C., que foi um de meus primeiros professores quando desembarquei em Paris para me preparar para Belas-Artes.

— Então, Marselha — ele chamava a maioria dos alunos pelo nome da cidade de onde pensava que vinham —, qual é seu pintor preferido?

— Modigliani.

Nunca vou esquecer o ataque de riso que sacudiu aquele rosto engastado entre a barba branca e o amplo chapéu de feltro negro.

— Modi?... Mas é um farsante!

Depois eu ficaria sabendo que tinham sido companheiros de farras de juventude.

Um tivera o fim que se sabe. O outro, acumulando medalhas e presidências de salões, pinta interminavelmente as toneladas de maçãs meio podres acumuladas por Cézanne em compoteiras de louça colocadas de modo negligente sobre toalhas de linho. Dez anos se passam... Saio do Grand Palais onde estão expostos, entre outras maravilhas, alguns raros e voluptuosos Modiglianis. Dou alguns passos nos Champs-Élysées para ir buscar o carro.

E fico paralisado: ali, sentado num banco, com a mesma barba e o mesmo chapéu, dobrado pela idade. C...

— Mestre... Lembra de mim?

Ele levanta a cabeça, me olha fixo...

— Marselha!

Deve estar com uns 85 anos. Revê-lo me emociona. Com um gesto do polegar, aponta com o Grand Palais para o qual está de costas.

— Está vindo de...

— Estou.

— E viu os...

— Vi.

E, de repente, inesperada, a confissão que ele sempre recusara a si mesmo para não ser tragado por ela.

— Ah. Modi... É um grande homem...

O reconhecimento do Outro.

Às portas da morte, verbalizava o que soubera desde toda a eternidade: tive talento, ele tem genialidade, ele é imortal, vou morrer. Patético: num instante desencantado, o velho que eu respeitava assumia a certeza de que nem ele nem suas telas deixariam vestígio algum.

— Por que os homens dotados de um poder carismático ou de um talento universalmente reconhecido estão sempre rodeados de grandes histéricas?

Olhar interrogante de Lacan.

— Picasso, por exemplo. Bastaria ele deixar cair o lenço no chão para ter todas as mulheres. Ora, parece que faz de propósito, que vai procurar a chata entre mil.

Ele não ia procurar, elas o *encontravam* — o que poderia ter dado a seu aforismo "eu não procuro, acho", uma nova formulação: "Eu não as procuro, elas me acham."

Como?

Negando ou fingindo ignorar sua genialidade, precisamente o que todos reconhecem nele. Efeitos de catálise: homenagens, gracejos, inveja, multidão, solidão, o gênio atrai, isola, designa, condena. Cercado de uma corte de devotos, puxa-sacos, parasitas e solicitantes, rei de seu mundo e do mundo, o barulho de seu nome, seja ele de berço ou provocado por sua fama, vota-o a esta falha paranóica: só poder ouvir aquele que não lhe dirige a palavra, só ver aquela que não olha para ele. É por esse olhar que o negligencia que ele a distingue entre todas: "Por que não me admiras, como as demais?"

É com isso que joga e, por sua vez, *é jogada,* a histérica: ela só será *vista* por ele enquanto não o *vir.*

Se parar, de se esquivar o equilíbrio se rompe, é ele então que se esquiva. Despojada então do poder que o enigma da recusa lhe valia, ela, fora do círculo encantado, passará a engrossar as fileiras dos despojos anônimos.

Quanto ao gênio, para que a falta de sua falta tome forma, só precisa esperar o novo olhar sem aço que não o *verá.*

— Sim? Diga...

— Estava me perguntando se com você não acontece a mesma coisa.

Lacan deu um sorriso ambíguo, ergueu os olhos ao céu e deu de ombros.

VI

Maiêutica

12

Chamo-me Pedro. Não por acaso.

A vida inteira a mesma frase ecoou-me nos ouvidos: "Se você tiver um pouco de dinheiro, invista em pedra." Foi sobre essa pedra que minha mãe construiu sua igreja. No que não se enganava: com pedra estava de fato fazendo o melhor investimento possível em relação a quanto de sua falta podia ser preenchida por seu desejo de ter Pedro.

No início eu também amava Pedro. Até que o excesso de amor que o sufocava me obrigou, por instinto de equilíbrio, a antipatizar subitamente com ele, tornando-o tão pesado para mim como uma pedra pendurada no pescoço.

Pobre pedra, aflita com o excesso de amor que lhe dedicavam. E, mais tarde, de pés e mãos atados na banal ambivalência onde cada uma de suas liberdades devia ser conquistada à culpabilidade de não corresponder o bastante.

A ponto de dizer à mãe, diante de sua cara amarrada quando lhe anunciou pela primeira vez a eventualidade de um possível casamento: "De qualquer maneira, vou me divorciar..."

Bela desculpa para um infiel: que aquele que nunca pecou — caso exista no planeta um único homem de minha idade que não tenha nascido de um ventre de mulher — me atire a primeira pedra.

Até que ponto nos determina o peso do nome que marca nosso lugar na ordem simbólica?

Quando alguém tem o sobrenome Littré e aceita seu destino, por acaso pode não dedicar sua vida à elaboração de um dicionário? E na escala do totem — lido como "significante" —, no caso de uma família, um clã, uma aldeia, uma etnia, em que a palavra que os distingue e os agrupa age sobre seu comportamento?

Durante a guerra, reinavam numa sala da escola que frequentei na infância grandes murais de papelão dedicados a nossas colônias com sua geografia, economia e cultura. Eram tão realistas que lá estavam grampeados pequenos cilindros de vidro cheios de sementes de cacau de verdade. Eu há muito esquecera o gosto do chocolate.

Louco de vontade de provar, decidi, após vários meses de hesitação, destampar os frascos para mordiscar seu conteúdo no transcurso de várias semanas: com esta operação eu engolia simbolicamente a África, nem mais nem menos.

Meus antepassados caminhavam rápido. Nos séculos XIII ou XIV, a pé, e a partir do norte do que ainda não era bem a França, a peregrinação a Santiago de Compostela levava seis meses. Nas estradas, bandos armados assaltavam e massacravam os viajantes desacompanhados. Assim que dois peregrinos se encontravam, decidiam continuar juntos para maior proteção. Às vezes, ao avistar Santiago, a tropa somava mil ou duas mil pessoas.

Mal as torres da basílica se perfilavam no horizonte, todos começavam a correr. O primeiro que tocava a efígie do santo era declarado "el Rey" pelas autoridades espanholas. A cada ano o cerimonial era repetido, sagrando um novo "Rey"; eis como os nomes próprios, de tão espalhados, se tornam comuns.

Acontece de os significantes operarem ao nível de uma nação; neste caso, cada um dos indivíduos que a compõe, ou quase, receberá indiretamente a marca coletiva, conforme o sentido privilegiado a que aquela estiver submetida, de onde decorrerá a natureza de suas criações. Há nações pintoras, músicas, poetas, filósofas. Epicurista, de ideias muito ágeis, versátil, contraditória e paradoxal, a França, enriquecida pelos talentos dos que acolhera por ter sido durante muito tempo terra de asilo, é um pouco todos os gêneros simultaneamente. Toca em tudo, nenhum dos cinco sentidos é preterido por outro.

Na Irlanda — música, linguagem e poesia —, o ouvido reina.

Repetidas vezes encontrei personagens estranhos de pé em penhascos desertos declamando versos de Yeats ou trechos inteiros de Shakespeare para exclusivo deleite do céu.

Em compensação, fora a beleza quase trágica de certas paisagens, nada é dado a ver, o olhar tem tudo a descobrir, quer dizer, a tomar — assim, a Irlanda não é feita para os idiotas.

As casas são funcionais. Paredes e um teto contra o céu, uma chaminé para que agonize sem calor um fogo de turfa, janelas para o ar e a luz.

Nenhum adorno. O homem, por uma espécie de humildade diante da evidente perfeição da natureza, parece ter renunciado a acrescentar com sua mão — urbanismo, arquitetura, monumentos — qualquer coisa que pudesse modificar-lhe o ordenamento.

Salvo uma coisa: as Georgian doors.

Até o mais miserável barraco do subúrbio de Dublin possui ao menos esta singularidade cuja originalidade se destaca: a porta. Oferecida a todos, fechada a cada um, laqueada de cores vivas — carmim, vermelho, azul-da-prússia, verde-esmeralda ou amarelo-limão —, adornada por belíssimas aldrabas de cobre com reflexos de ouro, refulge contra o cimento, o tijolo ou a taipa com a intensidade de um retalho de sol.

Durante um jantar, minha vizinha da esquerda acaba de aludir à galeria que possui.

— O que vende?

— Pintura inglesa.

— E consegue sobreviver?

Encara-me com surpresa. Sorrio.

— A pintura inglesa não existe.

Prepara-se para protestar, mas não dou tempo.

— Turner? E depois de mencionar Constable, Bonington, Reynolds e Gainsborough? Whistler? Em compensação, posso citar imediatamente cinqüenta franceses, igual número de flamengos e italianos. Que pintura inglesa? Seus maiores pintores nunca pegaram num pincel: são seus poetas e escritores.

Por estrutura, o pintor é um voyeur, um peeping-eye.

Por oposição aos países latinos, onde tudo é entregue de bandeja ao olhar, como um pintor poderia nascer espontaneamente ou desabrochar no rigor do puritanismo anglo-saxão — gravado na Irlanda por quatro séculos de ocupação —, cujo primeiro mandamento é fingir que não vê nada?

Tanto para quem o utiliza como para quem é seu objeto, o olhar é ameaça. Ele esquadrinha, penetra, agride, trai o desejo de quem o lança e, como nas religiões animistas, representa, para aquele cuja imagem capta, o perigo de ser possuído.

A partir desse fenômeno cultural que proscreve o uso do olho, não é uma surpresa que, paralisados pelo interdito de ver, tão poucos tenham talento para *olhar*.

Em outros termos, para serem pintores.

Restava um enigma: em relação à banalidade do ambiente, a que significado profundo remetia a riqueza daquelas Georgian doors?

Por que as portas, e só elas, eram objetos de arte?

A resposta estava contida na pergunta: o que é uma porta?

Um elemento que impede que se veja além.

Então entendi por que — de modo ilusionista, por assim dizer, pois trata-se realmente de uma ilusão para o olho — o único objeto digno de ser decorado, iluminado, embelezado, era precisamente aquele cuja função consistia em parar o olhar, em impedir que fosse além.

— Você deveria desenvolver — disse Lacan —, fazer alguma coisa a partir daí.

Quanto mais eu avançava, mais ficava clara para mim a extensão das "coisas" a fazer. Para retribuir em parte o que recebera da análise, eu me prometia escrever mais tarde o que ela me ensinara sobre assuntos que eu procurara em vão que me fossem ensinados no tempo em que errava — segundo o aforismo muito conhecido, "os não-patos erram".

Mais tarde era quando?

Iniciei a redação deste livro há mais de dez anos. Escrevera então os dois primeiros capítulos, tais como existem hoje. É de se pensar que na época eu não podia dar mais. Talvez as coisas ainda precisassem amadurecer. Não sei. O fato é que, depois daquelas vinte ou trinta páginas, abandonei o trabalho para passar ao longo período do nada, já relatado.

No momento em que escrevo estas linhas, nove anos mais tarde, percebo a que ponto eu revivera sem perceber, tentando vomitá-los, todos os sintomas de angústia e regressão que conhecera no desenrolar de minha análise. Acrescidos de um fenômeno psicossomático novo para mim.

Nos últimos dias, tão perto do objetivo — a conclusão destas derradeiras páginas —, uma bola obstruiu-me a garganta. Ao dizer "bola" tento descrever uma sensação parecida com uma úlcera, um peso no peito, um sufocamento acompanhado de uma dor precisa num lugar impreciso, em torno do plexo — como poderia não me saltar aos olhos, ao falar de "plexo", a etimologia comum de "complexo", que nenhum dicionário especializado menciona?

Coloquei o sinal na conta do cansaço: eu escrevera demais, dera-me demais à escrita. Contudo, escrever não é nada em si. A dificuldade é atingir o estado de receptividade em que as palavras se encadeiam tão rápido que fica difícil transcrevê-las: isto se chama graça. O percherão se torna puro-sangue, as frases chegam com tanta felicidade, como que prontas em sua forma definitiva, que ninguém precisa relê-las para saber que não teria sido possível escrevê-las de outra maneira. Às vezes a graça se ausenta. Então nada é possível. Apesar de dias e noites de concentração, nenhuma palavra faz a ligação entre o que é dito e o que resta a dizer, naquele ponto preciso de silêncio onde jaz o bloqueio. De novo, é preciso merecer a graça, procurar o fogo, atiçar a queimadura até obter a equivalência do grau de fusão onde se metamorfoseia a matéria, onde se inflama e acontece por fim a mudança de estado, de *estado de graça*.

Na verdade, o que estava em jogo por intermédio daquela bola que me mordia o plexo e a garganta era o próprio ato de escrever e, metaforicamente, através do fim que ele implicava, o temor inconsciente de chegar ao fim, de reviver como uma morte o término de minha análise, a morte de meu pai, a morte do Gordo e a morte de Lacan.

Assim que os verbalizei, todos os sintomas somáticos que me atormentavam desapareceram imediatamente, do mesmo modo repentino como tinham se manifestado.

O ponto de bloqueio situava-se algumas linhas acima, na frase: "Mais tarde era quando?"

Mais tarde é sempre imediatamente.

Desde que Freud a inventou, falou-se muito sobre a idade ideal para começar uma análise: sempre e imediatamente, assim que o sofrimento e o desejo determinam sua urgência. Só a perspectiva de morrer menos idiota já deveria fazer tábula rasa de qualquer hesitação.

Com uma reserva: há um perigo.

Quando é levada a termo, a análise confronta cada um com seu próprio desejo — é precisamente pela revelação deste que se saberá que o desfecho foi feliz. "Feliz" não significa em absoluto o advento de um nirvana onde seriam aplainadas de repente as dificuldades da vida e atingida uma zona fora de turbulência onde tudo adquiriria o sabor insípido do paraíso.

Ao contrário. Desentocado, o desejo pode fazer estragos. Aos vinte anos, como nada está construído, não há o risco de destruir nada. Aos quarenta, com a vida "feita" — é evidente que para melhor ser *desfeita* —, com a carga da família, sentindo pesar as armadilhas do sucesso, que enraízam, e escravo dos mil escravos de sua empresa, o Sr. presidente de Alguma Coisa vai perceber que seu desejo real talvez não seja presidir coisa alguma, ter mulher, filhos, posição social, status profissional etc., mas, supondo-se que seu destino seja outro, romper o círculo onde, como sabe obscuramente, se envisca o que lhe resta a viver.

Se ainda tiver força interior suficiente para seguir sua lógica e ter acesso a tanto decidindo — de encontro a tudo o que lhe ensinara seu código cultural onde já estavam inscritos, sem seu consentimento, seu lugar e a trajetória de seu percurso — por fim viver seu desejo próprio, ele partirá, pagando a eventualidade de sua salvação com a maldição dos seus, o opróbrio geral e uma degringolada na escala social.

Este é o preço possível.

Donde o paradoxo da análise: pelo fato de libertar, condena. Fazendo reviver, mata.

E, como as Parcas, indiferentemente, tecendo ou cortando os fios da vida, ela estrutura ou desconstrói.

Cada um é livre para, sabendo-o, empreendê-la se quiser, sem esquecer que a intenção última é a do registro de uma ética, não de uma moral. E cada um é livre para, tendo lido o que precede, dar sua própria resposta à pergunta: "Há uma idade ideal para a análise?" Afinal de contas, quando a levamos a termo, talvez descubramos, às vezes, que o que desejávamos era precisamente o que temos.

Talvez, mas duvido.

A própria demanda não implica o mal-estar ligado ao desejo do questionamento? O que iríamos fazer num divã, a não ser tornar-nos outro, quer dizer, nós mesmos?

O que se desprende em primeiro lugar é uma perda de inocência em relação ao som oco das ideias gerais quando se trata de generosidade, caridade e liberdade: não é mais possível fingir não ver que os dados estão viciados.

Quantos não vi que, lavando a consciência por meio de uma ação pública, à frente de manifestações que percorrem as ruas, carregando cartazes que cantam loas à não violência e à paz neste ou naquele lugar, ao voltar para casa surram os filhos, batem na mulher e chutam o cachorro. Generosidade aplicada à consciência universal e diluída até o ponto zero do enunciado que a sustenta.

E impossível não ver o sadismo que se oculta por trás do discurso sobre a caridade, a tomada de poder sobre os que nada têm por intermédio de um pedaço de pão, de abrigo para a noite, de um prato de sopa. Quanto à liberdade, reivindicada por todos como o mais precioso dos bens, quem a deseja realmente? Quem pode assumir seus riscos quando, secretamente, a grande maioria aspira à hierarquia de um grupo onde as relações se estabelecem através das ordens dadas ou recebidas e que, de entrada, põe o pensamento para escanteio — meu chefe decide em meu lugar — e exclui a responsabilidade — não sou eu, é o Outro.

Que Outro? Um Outro...

Baseada nos perigos que implica, a liberdade, dizer merda ou gritar não, é mais exigente e só pertence aos que a merecem porque estão dispostos a perder a vida para obtê-la.

— Estou de saco cheio, cheio, cheio!

— De quê?

— De não fazer o que quero!

Ele entrou em meu escritório sem bater.

Quarenta e cinco anos talvez. Para tomar coragem, certamente bebeu um pouco.

— E o que você gostaria de fazer?

— Criar e dirigir um serviço de copidesque.

— Certo.

Hesita um instante. A carga da raiva cultivada para me enfrentar — não a minha pessoa, mas à função que ocupo — é violenta demais para se dissipar num segundo.

Estou ganhando pouco!

— Quanto?

— Oito mil.

— De quanto gostaria?

— Dez mil.

— Digamos quinze. Está bem para você?

Ele sai de marcha a ré. Chapado. Viera esfregar seus sonhos na pele da realidade. Num instante, eles se tornaram reais. Está encurralado. E a seguir? Uma semana depois, sua mulher, muito preocupada, vem me avisar que ele desapareceu. Dois dias depois, ele surge: após a entrevista bem-sucedida, foi se embebedar num hotel de subúrbio. Nunca mais fará a mínima alusão à promoção ou ao aumento.

— Tenho medo de não conseguir mais criar se fizer análise.

— Por quê?

— Eu ficaria normal. Sem loucura, como poderia escrever meus poemas?

Confesso ter pronunciado, quase palavra por palavra, as mesmas frases.

Antes.

Uma constante da vida psíquica é que ninguém faz questão de se privar de sua neurose. Esta oferece vantagens secundárias demais para ser entregue de bandeja ao primeiro analista que aparecer. Apesar do desejo que subentende, todos os ardis serão bons para escapar da análise. "Avisei", dissera Lacan, "que a psicanálise é um remédio contra a ignorância; não tem efeito contra a babaquice." Por definição, a babaquice não cria nada, a não ser babaquice. Por conseguinte, ou o suposto criador continuará, com ou sem análise, a criar ou não suas babaquices habituais — o que deixará a todos indiferentes — ou, se for realmente criador, continuará a criar, mas outra coisa, além, em outro campo que a linguagem, ao ser fecundada pelo "delírio", terá arroteado — a frase vem de uma metáfora de lavrador da Roma antiga.

Lira, o sulco. Quando um camponês, sonhando atrás de seu arado, saía por inadvertência do sulco, os outros, para preveni-lo, gritavam: De lira! — está saindo do sulco!

Quando irradia sua própria energia, toda criação situa-se necessariamente fora do sulco, pois a criação só pode proceder do de-lírio. Assim, por essa via que leva incansavelmente à vertente do logos, a análise, em vez de castrar, abre, ao contrário, o imaginário a novos registros inimagináveis onde a criação ocorrerá.

— Você leu Lytton Strachey? — perguntou-me Lacan.

— Nunca ouvi falar.

— Escreveu um negócio fantástico, Queen Victoria.

Não precisou dizer duas vezes. Bati todos os lugares onde fosse possível encontrar o livro. Em vão. Escrevi ao editor inglês. "Edição esgotada." O tempo passou. Anos mais tarde, quando eu já quase esquecera o título da obra e o nome do autor, estando no exterior, fui à casa de uma amiga que acabava de se mudar para um apartamento emprestado por um conhecido.

Estávamos ambos deitados quando interrompi bruscamente a ação em curso: perdido à cabeceira da cama, numa estante em meio a outros livros velhos, eu acabava de distinguir Queen Victoria. Peguei-o como se fosse o Graal.

— Você me empresta?

— Não é meu.

— Vou levar mesmo assim.

Nada nem ninguém poderia ter me impedido de roubá-lo.

Li. Ainda não devolvi. Continuo sem entender o entusiasmo de Lacan. E se ele desejava que eu lá visse, por analogia, uma resposta indireta a um problema colocado naquele instante pelo trabalho que eu fazia com ele, ignoro qual era.

Conservo apenas uma certeza: mesmo se desembocam em fins cujo objetivo nos é momentaneamente hermético, as coisas, até nas circunstâncias mais estranhas, só acontecem quando merecem advir.

13

O pior é que sobrevivemos. E que se tal sobrevivência tem sentido, este só pode aparecer num relance no momento mesmo em que a vida se escapa.

"A vida", disse Lacan, "tem como uma vergonha a suportar: ela não morre e não se morre dela."

Quem morreu por causa da vida?

Carrasco de todos os outros, cada um de nós inflige sofrimento e sofre por ser desprezado, perseguido, mal-amado, incompreendido.

A morte do Gordo me sufoca.

Num determinado momento de nossa relação, senti com toda a violência de meu instinto animal que ele tinha vontade de me matar.

Não posso transmitir com palavras a certeza absoluta que me habitou durante aquele período. Procede do irracional.

Pode-se dizer o medo?

Entretanto, alguns dias eu tinha medo de tirar os olhos dele.

Por tê-lo sentido em nossos assaltos de boxe, eu sabia que sua fantástica massa de mentir era invulnerável. Num ringue, as regras protegem. Basta levantar a mão para o jogo cessar. Na vida não. Morfologicamente, o Gordo não era feito para bater — a densidade de sua potência minorava a secura de seus golpes — mas para maçar, moer. Se tivessem usado uma barra de ferro para matá-lo, esta teria se dobrado em sua nuca sem surtir efeito maior que uma picada de vespa.

Meu primeiro livro acabara de ser publicado. Os deuses estavam do meu lado. Para não deixá-lo alheio a minha surpresa feliz, quis associá-lo a projetos comuns.

Pensamos em vários livros de difusão psicanalítica, sem definir nenhum em especial, com a ideia de abrir certos conceitos lacanianos que a logomaquia tanto de seus contendores como de seus turiferários tornava ainda mais herméticos: manipulá-los com segurança não significava investir-se com pouco esforço da sombra de seu saber?

Não me faltavam os Diafoirus do *jargão*.

Estávamos tentados a pinçá-los através do tema dos delirantes do tudo bem, que se enforcam rindo pois a vida, como se sabe, é perfeita. Também queríamos tornar mais acessível a um público faminto porém excluído o enfoque dos quatro Discursos — Histérico, Mestre, Analista, Universitário —, a função do matema *a* (ler "objeto a pequeno") na articulação da falta, favorecer na terminologia lacaniana a abordagem de um conceito tão árduo como real (para dar lhe um nome: impossível), mostrar o que se oculta por trás das frases que tinham sido escandalosas quando ele as lançara, "A mulher não existe" (barrado *quoad matrem*), "Não há relação sexual" (barrado *quoad castrationem*), "Minha experiência só diz respeito ao ser no que o faz nascer da falha que produz o ente por se dizer"* etc., em suma, arrotear um campo para que cada um, depois de percorrê-lo, possa retornar às fontes munido de uma frágil bússola — para levar em conta uma de suas frases: "Se você entendeu, certamente está errado."

Por que os que desejavam ter acesso teriam sido mantidos a distância desse terreno cercado pelos que sabiam que o saber é um poder? Guardar... Guardar para reinar... Não dar, não falar, não cagar... Ao não cagar, o infans chateia a mãe que implora que ele lhe dê de presente seus preciosos excrementos e, com essa retenção anal — que também tem relação com o pai —, mesmo se por isto tiver que morrer, toma o poder sobre ela: em operação estrutural idêntica, o Vaticano conseguira realizar a proeza de guardar em segredo por quatro séculos o zero importado para Roma pelos matemáticos árabes que o haviam inventado.

Adivinha-se em favor de quem se desenrolava a mínima transação. De um lado, o camponês que contara um por um suas centenas de ovos antes de passar horas adicionando o preço de cada um; do outro, o homem de batina que, para dominar o jogo, só tinha de efetuar uma multiplicação instantânea, acrescentando ao número escrito aquele zero mágico que, colocado depois dele, multiplicava-o por dez, cem, mil.

Do zero, o Gordo e eu passávamos às origens do sistema decimal diretamente derivadas de uma simples constatação anatômica: não tínhamos dez dedos?

Só nos restava estruturar o que precede.

— Pode me dizer se concorda com minha definição do saber (savoir)?

— Diga... — disse Lacan.

— Ver o *id* (*Voir, le ça*).

---

* "Mon épreuve ne touche à l'être qu'à le faire naître de la faille que produit l'étant de se dire."

Reflexão, suspiro, denegação.

— Não posso aceitar...

Levei o Gordo a meu editor.

Acho que foi a partir desse instante que seu comportamento mudou. Ele só tinha uma ideia na cabeça, e era capitalizar dinheiro suficiente para sair de Paris e mudar de ares: por fim tinha a ocasião. Os administradores nos tinham fornecido algumas cifras do adiantamento sobre nossa futura colaboração. Eu havia lutado para que fossem adequadas — e eram. Ele, porém, ruminava incansavelmente o montante, procurando a falha pela qual, esquecendo que estávamos os dois no mesmo barco, iam enrabá-lo.

Como explicar-lhe que o editor, que eu suspeitava ser complacente comigo, só tivera de aceitar o montante para ceder ao que a seu ver provavelmente não passava de um capricho de autor cujo primeiro livro vendera bem?

Calei.

Ele voltava continuamente à carga e, antes mesmo de termos assinado qualquer coisa, falava em tom de rancor agressivo de advogados, litígios, processos. Eu percebia com amargura que, ao invés de nos aproximar, o projeto que eu dera à luz para romper seu isolamento moral parecia, ao contrário, separar-nos cada vez mais. Pouco antes de sua morte — cujo segredo Lacan me revelou com uma concisão que me fulminou de indignação, surpresa e dor —, eu tentava compreender as causas da reviravolta: conhecendo-me como conhecia, tendo-me visto trabalhar como vira, como pudera considerar minha repentina sorte como uma nova injustiça que, sagrando-me por acaso rei por um dia, o ferisse em contragolpe?

Imaginei causas externas. Tendo esgotado quase todas elas, perguntei-me inclusive, para levar as derradeiras hipóteses até o absurdo, se ele não dissimulava, por trás do apetite brutal de consumidor de mulheres, uma pulsão homossexual em relação a mim.

Porém, uma vez mais, impasse: supondo-se que fosse assim, em que teria explicado a fratura ocorrida nele da noite para o dia pelo anúncio de acontecimentos dos quais esperava a salvação?

Restava o medo que ele me inspirava.

Eu não podia me impedir de pensar na carta de Gauguin contando a Schufennecker como, em Arles, quando estava sentado diante de uma janela, alguma coisa o alertara: voltara-se de repente e vira Van Gogh, de pé no vão da porta aberta, contemplando-o com ar esquisito e uma navalha na mão.

Em sua presença, meu mal-estar tornou-se tão insuportável que dei um jeito de espaçar nossos encontros. A seu pedido, providenciei uma entrevista para ele com o proprietário de um centro de talassoterapia onde havia uma vaga de clínico geral — há muito tempo que ele queria se livrar da qualidade de analista. Também foi a Provence para estudar a possibilidade de se instalar nas aldeias que lhe indiquei.

Até o dia em que me anunciou ter descoberto um minúsculo balneário no litoral normando onde ia abrir um novo consultório.

Em três dias, deu fim no apartamento, confiou seu delirante cafarnaum a um guarda-móveis, encheu de livros dois baús imensos — cada uma das obras, lidas e relidas, estava cheia de passagens sublinhadas várias vezes com régua —, enfiou algumas coisas numa sacola de marinheiro e desapareceu.

Restava-me dele uma grande pedra achatada polida pelo mar, do tempo em que este cobria os vinhedos de Châteauneuf-du-Pape.

Num dia de discussão ele adornara-o mecanicamente com um curioso desenho abstrato organizado ao redor de uma mancha negra de onde partia, como que para melhor escapar, uma miríade de estrias vermelhas; cada uma delas tinha a particularidade de, ao contrário de um labirinto com uma saída, fechar a passagem a todas as outras.

Nenhuma *saída.*

Transcorreram alguns meses. Nós nos telefonávamos de vez em quando. Ele tinha acabado de se divorciar. Eu estava trabalhando em meu terceiro livro.

Uma noite, de volta de Genebra, levei a Lacan duas caixas de seus “Punch Culebras”: ele as rejeitou com um gesto.

Abstive-me de pedir que me dissesse a razão, tanto quanto de que me pagasse; guardei-as algum tempo e ofereci a amigos: assim, ele parara de fumar...

Na juventude, ninguém sabe que é jovem.

Ficará sabendo mais tarde, ao envelhecer: saberá que foi sem ter sabido quando era.

Pois a juventude é uma invenção de velhos.

Inversamente ao real, que desaparece quando o nomeamos, a juventude, ao contrário, só existe pelas palavras que a evocam.

Em si, só é concebível quando não existe mais, em negativo, a título de ausência. Não fumar mais, não beber mais, não correr mais, não amar mais são todas castrações que nos despojam gota a gota para melhor nos preparar para a morte do que era a vida.

À época, Lacan já dizia: "O significante que me tornei, parece que se diz 'label-Lacan'. Há muito tempo que esse negócio me oprime. A bela-Lacan só pode dar o que tem." Restavam-lhe o chá das cinco, os visitantes que se empilhavam na escada, a fama que aumentava ao mesmo tempo que o cansaço, os rumores.

Recentemente, quando soube que eu estava escrevendo um livro, um jornalista contou-me que, no início de sua carreira, seus patrões lhe haviam pedido que revistasse — para encontrar o quê? — a lata de lixo de alguns homens célebres, inclusive a de Lacan.

— O que você descobriu?

— As cascas dos ovos quentes que ele comia. Sempre começava pela ponta mais grossa.

— Ponta mais grossa...

— E cartas, maços de cartas de amor jogadas no lixo e nem sequer abertas.

— Como você pode saber que eram cartas de amor?

— Fui eu quem as abri.

Sempre nos dão como exemplo *patterns* de sucesso, equilíbrio, sabedoria.

Tudo falso, é claro.

Sob pena de asfixia, nenhum de nós pode entrar no molde concebido para ele por outros. O sonho confesso de meus pais era que eu fosse professor de desenho — era preciso polir as arestas vivas de minha devoradora paixão pela pintura canalizando-a numa operação de substituição semântica onde a palavra "professor" — uma situação — apagava o que havia de perigosamente aleatório no substantivo "pintor" — uma *aventura.*

Eu estava em dívida para com minha família — o nome-do-pai, o amor, a educação, o dinheiro, os estudos... Para saldá-la, aceitei, por um tempo, consentir em seus desejos. Sob a lisonjeira denominação de "professor adjunto", tão pouco professor e tão adjunto, mas eu ignorava de quem era adjunto, e em quê, fui peão num colégio secundário durante um ano mortal ao longo do qual sonhava com a América. Num dia de concurso, que matei, abraçado com a mulher amada na pont des Arts — a bem nomeada — vi chegar à extremidade da ponte o velho B., um dos responsáveis pelo colégio, consternado com o chapéu preto e o lúgubre cachecol roxo que, apesar da primavera que nascera daquela tarde suave, nunca tirava. No momento em que escrevo esta frase, capto a acumulação dos símbolos fúnebres: "o velho B.", "consternado", "preto", "lúgubre", "roxo".

É que a formulo com os olhos de minha juventude, quer dizer, em *ruptura de escala.*

Aos dez anos, tive um professor chamado Sr. Blanc.

Um bom gigante cujas meiguice e autoridade me impressionaram a ponto de ainda hoje lembrar de seu nome. Vinte anos depois, meu pai, encontrando-se com um anão na rua, fez questão de nos apresentar:

— Lembra do Sr. Blanc?

Ninguém muda, ou pouquíssimo. O que difere é o olhar que dirigimos ao Outro, e que fixa sua imagem: o Sr. Blanc sempre fora um anão. A marca de sua altura incrível me ficara na memória porque, naquele instante de minha infância em que se gravara, eu era ainda mais anão que ele.

Quanto ao velho B., será que ele era realmente tão lúgubre ou a revolta de meus vinte anos fazia com que o percebesse assim?

Nós nos vimos ao mesmo tempo: tarde demais para escapar. Soltei minha doce loura — Eros —, fui direto a ele — Tanatos — e, improvisando à medida que ia falando, comecei a lhe contar uma extravagante estória de dor de barriga que me obrigara a desertar do anfiteatro onde minhas funções deveriam ter me prendido.

— Dores atrozes...

Ao longo de toda minha análise, aconteceu de meu metabolismo ficar atrapalhado. Coisas esquisitas das quais eu tentava, frequentemente em vão, descobrir o sentido. Por exemplo: acordei várias vezes seguidas, com aproximação de segundos, às *onze hora e onze minutos.*

Por que onze e onze? Por mais que brincasse com os significantes, isolasse os "O", tentasse articular as sílabas em ordens diferentes, de nada adiantou, continuo sem entender — no caso, o próprio Lacan também não me foi de nenhuma ajuda. Ou então adormecia como uma pedra antes da meia-noite, logo eu que nunca fora me deitar antes do amanhecer. Às vezes, como que cansados de serem elucidados apesar do delírio de seu conteúdo manifesto, meus sonhos apresentavam-se a mim no frescor de um matema inédito, duas letras, um signo (N/punção de/O) que me remetia inelutavelmente à cifra do destino que deveria ter sido o meu.

O Gordo chegava ao termo do seu.

Mesmo se eu tivesse adivinhado, como reter um amigo que escorrega para fora da vida? De medo de ser acusado de excesso de coincidências, não ousaria escrever o que se segue num romance onde, mesmo não sendo verdadeiro, cada detalhe tem de ser verossímil.

É evidente que o que ocorreu então não o foi.

Eu estava escrevendo o terceiro livro. Em relação às datas de publicação previstas, estava muito atrasado. Uma noite, uma amiga veio jantar em minha casa. Sentindo meu nervosismo, ofereceu-me seu apartamento no litoral normando para que eu lá fosse terminar meu trabalho. Claro que se tratava, entre mil, do minúsculo lugarejo onde o Gordo trabalhava. As vidraças, prolongadas por uma varanda, davam para o mar.

Desembalei a máquina de escrever e tentei me concentrar para retomar o fio da minha estória.

Era fevereiro. Na aldeia quase surrealista de tão morta, todas as residências de verão estavam fechadas.

Havia outras? Existiam autóctones vivos?

Jantei com o Gordo na mesma noite. Encontrei em sua casa alguns elementos de seu cenário habitual: a imensa mesa de carvalho polido, uma poltrona esverdeada, as armas, as espadas.

E sua solidão, que parecia acentuada pelo silêncio e pelo deserto das ruas tolas que se delineavam à luz dura de postes que iluminavam o nada.

Eu folheava alguns de seus livros, sempre sublinhados com régua por violentos traços vermelhos ou pretos, como se ele quisesse fazer entrar à força nele mesmo o que poderia tê-lo ajudado a sobreviver.

— Estou de saco cheio. As coisas não andam nada bem. Gostaria de voltar para Paris como médico do serviço público.

— Está brincando?

— Nem um pouco. Alguma coisa automática, onde não tenha mais que pensar. Previdência social. Você conhece alguém?

— Conheço.

— Pode providenciar?

— Posso.

Eu tinha um amigo, que depois morreu tragicamente, de quem dependiam todos os serviços de saúde da França. Bastava ele assinar um papel para realizar o desejo do Gordo. Prometi que lhe telefonaria no dia seguinte.

Enquanto isso, avisara a Lacan que estaria ausente duas ou três semanas, o tempo de enfrentar a urgência.

Ele fizera uma careta sem reclamar demais.

O Gordo bebia muito. Limpava o fundo dos copos onde sobrava qualquer coisa e engolia com um gesto automático.

— O sonífero mais antigo do mundo — dizia ele dando uma piscadinha. Ou então: "Estou mamando." O que revelava mais sobre sua falta que um longo discurso. Mas não se tratava mais do leite materno. Após a morte da mãe, ele usara um pedaço de fita roxa no avesso do casaco durante seis meses em sinal de luto.

Uma vez mais, exibindo um Colt 45 Magnum lubrificado com amor, contou-me que acontecia de ele fazer roleta-russa de madrugada. Uma noite, pintou lá em casa. Às três da manhã ainda discutíamos. Fui obrigado a explicar-lhe que meu livro não sairia se eu não entregasse o manuscrito dali a um mês impreterivelmente.

O apartamento estava azul de fumaça.

Ele precisava falar. Eu sentia sua aflição.

— Escute, consegui ligar para meu amigo. Está esperando por você em Paris daqui a oito dias. Está tudo acertado. Você vai ter o cargo que ambiciona a partir de 1º de junho. Enquanto isso, não me enche o saco, tenho que terminar. Só tenho mais três semanas, compreenda por favor. Depois, todo o tempo que você quiser.

— Tudo bem. Vou para casa.

Fechei a porta atrás dele, fui abrir a janela e saí à varanda para respirar. A não ser pela luz crua dos postes que desenhavam círculos onde eram escavados os relevos da areia e a espuma das ondas que morriam na praia, a noite era total. Enchendo os pulmões de ar fresco, fiquei imóvel um minuto.

Nunca esquecerei o que vi.

De repente, dois andares abaixo, a fantástica silhueta do Gordo recortou-se contra a areia, onde andava para cima e para baixo com seu pesado passo de gorila. Ora, seu edifício não estava situado, como o meu, à beira mar, e sim do outro lado da rua.

Eram mais de três da manhã. Ele estava de costas para mim.

Vi-o se afastando pela praia até ser tragado pela noite. Ele nascera gritando socorro.

Seu grito mudo ecoava em meus ouvidos.

Com o coração apertado, voltei à máquina.

Alguns dias depois, regressei a Paris para atacar as últimas páginas. O Gordo lá estivera por algumas horas para se encontrar com meu amigo. Fora tratado como um rei e recebera a confirmação de que, como previsto, poderia assumir as funções em 1º de junho. Tranqüilizado quanto a esse assunto, mergulhei em meu texto. Ele me ligou várias vezes, agradeceu, disse que estava contente e que "estava tudo bem".

"Os delirantes do tudo bem"...

O título que tínhamos projetado juntos hoje ecoa tragicamente. Eu estava tão imerso no trabalho que nada me alertou a não ser, uma manhã, a surpresa de estar sem notícias dele há oito dias.

Peguei o telefone: não respondia.

No dia seguinte, o correio me trouxe uma carta de sua mulher. Estupefato, li e tornei a ler tremendo: "A. morreu. Deu dois tiros na cabeça."

Dois.

De tarde, entrei no consultório de Lacan. Ele estava brincando com pedacinhos de barbante. Observei-o um momento.

— Sim? ... — disse ele.

— Sabe o que aconteceu com A.?

Tive que engolir saliva para a frase sair.

— Ele se suicidou.

Silêncio de Lacan.

— Está ouvindo o que estou dizendo?

Fiquei surpreso com a agressividade de minha voz ao mesmo tempo em que percorria meu corpo uma onda de sangue cheio de gelo.

— Estou dizendo que ele se suicidou! Dois tiros na cabeça... Dois!

Imperturbável, Lacan continuava a atar e desatar seus barbantes de cores diferentes sem se abalar.

Explodi.

— É esse o único efeito que lhe faz? — gritei com raiva.

De repente, como alguém que está farto de ouvir besteiras, ele me encarou, desafiou-me com o olhar e cuspiu no mesmo tom de raiva fria:

— Que mais você queria que ele fizesse?

VII

ÉTICA

14

Só há ética na atuação do desejo. O resto é literatura. Pois como a letra que o pinça, supondo-se que tenha sido identificada, não abre para a passagem ao ato, não tem nenhum poder sobre o real: permanecerá *letra morta*. Muito antes de poder exprimi-lo, e ainda menos elaborar minhas chances de vivê-lo, eu pressentia o meu desejo. Agora que posso dar nome às diferentes facetas do que foi, determinar só depois a trajetória à qual está ligado, causas e efeitos, o que outrora me era invisível, percebo que não variou em nada desde a infância: aprender, amar, gozar, criar, compreender, sem esquecer o direito que reivindico por higiene mental, e que dá ao resto vida e valor: ser louco às vezes.

Não sou muito dado às recordações — de tanto se debruçar sobre o passado, cai-se nele. Contudo, há pouco tempo tive de abrir as caixas empilhadas há tantos anos num guarda-móveis. Fiquei pasmo ao encontrar os cadernos de minha adolescência onde escrevia os sonhos que me serviam de futuro: tudo já estava lá. Descobri assim que havia sonhado viver tudo que vivi desde então e que vivo hoje.

Uma imagem serviria de ponto de apoio para minha memória.

Era fevereiro. Paris estava coberta de lama, frio, sujeira e nuvens. Eu estava num porto do Mediterrâneo, não sei mais qual, nem em que país, mas era de tarde no tipo de lugar onde, mesmo em dezembro, a luz do inverno parece de verão.

Talvez na Grécia? Tunísia, talvez?

Lembro-me apenas de um entardecer. Eu estava passeando pelo cais, ao lado dos barcos amarrados no molhe. Tudo era bonito, plácido e tão calmo que, pensando na fúria das cidades e na fragilidade da vida, percebi a estupidez de estar em outro lugar, a futilidade da pressa. É preciso dizer que, naquele instante de minha existência, eu já vira excessivas vezes a falha de poderosos personagens que haviam vencido: ébrios de cansaço depois de lutas falseadas em seu desfecho, no momento mesmo em que pensavam que iam colher os frutos, morriam estupidamente.

De tédio, de confusão, de automatismos: eles tinham tido, não eram. Haviam acreditado ter tudo, só haviam possuído o que estava à venda. Assim que apareciam os primeiros sintomas da falta-a-ser, ficavam sabendo, tarde demais, que seu fôlego se esgotara atrás de um engodo.

Aquelas velas e aquele sol avermelhado, independente do nada ou da perfeição do que nos espera depois — será a mesma coisa? — lembravam-me, já que a morte vence, a lei que era a minha: pegar imediatamente o que a vida nos oferece — se tivesse tido antepassados, desejaria que tivessem escrito em seu brasão: "É mais que nada."

Porém, para saber, é preciso não ignorar o que ela tem para nos oferecer e, sabendo, poder pegar, estar disposto a pagar o preço de um abandono, de um sacrifício, de uma morte.

A nossa.

Em outras palavras, matar simbolicamente aquele que fomos a fim de que assim se estabeleça a clivagem entre o dado da infância e o conquistado da maturidade, palavra que, como provam os bebês octogenários ou os velhos de vinte anos com que convivemos todos os dias, não está de forma alguma vinculada à idade, mas à capacidade de amar, decidir e assumir que tem um indivíduo que por fim se tornou livre, autônomo em seu pensamento, quer dizer, sujeito de si mesmo e não mais das contingências exteriores de seu trabalho, de um discurso ou do dinheiro que recebe.

São ações que precisamente não dependem do dado, mas se instauram a partir de uma passagem que, pelo fato de ter que se despojar desse eu antigo — operação encontrada nos mais remotos tempos onde a memória escava, em todas as culturas e no sentido oculto dos mitos, ritos de iniciação, folclores ou contos de fadas —, de ter que apodrecer sem amadurecer, nos faz perecer por apodrecer e morrer sem renascer, nos obriga a passar por limiares onde está inevitavelmente emboscado o sofrimento.

Recorrentes, semelhantes, sob muitos aspectos, aos estádios pré-genitais oral, sádico-anal, genital que, se não forem superados no momento em que devem ser, prejudicarão gravemente as chances de evolução posterior. Ou à situação do feto, que implica sua morte certa se, ao cabo de nove meses, não for expulso da indizível perfeição do ventre materno.

"Se sobrevivemos, é que há de quê." Tenho certeza de que Dolto nos falava do *instante*, na gratificação do que o transcende: amor, beleza, gozo. A que estava ligado aquele porto, semelhante a todos os do Mediterrâneo onde haviam nascido as grandes obras da arte e do pensamento cuja harmonia, vinte e cinco séculos depois, nos penetra como no dia em que foram criadas. Eu achava a vida em si exuberante demais em matéria de possíveis para cometer o pecado de não gozar no instante do instante feito das mil pequenas coisas das quais eu seria privado, quando chegasse a hora, por meu próprio aniquilamento cuja inelutabilidade me instava a conjugar, diferenciando-os ao mesmo tempo, prazer — o que se acrescenta à vida — e gozo — o que se rouba à morte.

Eu tinha precisamente uma dessas "pequenas coisas" diante dos olhos.

No instante em que o vi, sentado à mesa no deque de seu veleiro branco, à contraluz do sol avermelhado que inflamava os mastros dos barcos, alisava o mar suave e coloria de ocre delicado todo aquele branco que se escalonava nos flancos das colinas cobertas de ciprestes, também ele todo vestido de branco, voluntariamente excluído das convulsões do mundo onde cada um estripava alegremente o próximo, ele lia o Times enquanto um de seus marinheiros, com um sorriso nos lábios, servia-lhe uma dose de scotch.

Pois é.

Talvez não fosse muito além, mas pensei que, em oposição a todos os sofrimentos simultâneos que o planeta secretava, às mornas procissões da panaquice, do racismo, do ódio, da avareza e da inveja, aquele desconhecido detinha a chave do mundo mesmo se, em sua vida, só desfrutasse aquele exato instante. Ele conseguira se colocar numa órbita atemporal, naquele ponto do espaço que Borges invoca em O Aleph onde, de repente, presente, passado e futuro se emaranham até não formar mais que uma amálgama reduzida a uma vibração singular de luz percebida numa certa hora do dia de um certo lugar sob um certo ângulo de um certo degrau da caixa de uma escada num certo bairro de uma certa cidade.

Uma metonímia de que nenhum enfoque intelectual pode dar conta, pois no lugar onde não operam os sentidos, nada é mostrado, nada é sentido, mas, em compensação, abre-se à percepção intuitiva no estremecimento de sua acuidade.

Os sentidos: este era o melhor lugar de onde eu podia pegar e dar, captar a essência de minha existência e o verdadeiro sentido de meu gozo. Era isto que Lacan tinha me trazido: uma relação com o que me era preexistente, que me sobreviveria e pertencia a todo mundo, mas também o acesso a um saber sensual que eu possuía sem saber numa prática permanente mas que, em vez de ser um fim em si, abria-se sobre outra coisa cujos bloqueios habituais impediam-me de apreender a total plenitude. Eu desconfiava tanto de seu poder que, no tempo em que exercia um trabalho regular, acontecia-me de me privar de música e de pintura. Se eu tivesse escutado uma sinfonia ou olhado um quadro, teriam me faltado forças para voltar por livre e espontânea vontade ao morno tormento imóvel de um escritório.

"Quanto mais ignóbil você for, melhor irão as coisas."

É de se pensar que eu não era suficientemente ignóbil à época. Não que depois tivesse me tornado — a *boutade* de Lacan só deve ser tomada em segundo grau, é claro, em seu sentido de derrisão —, mas minha aversão a dizer não, por preguiça, incitava-me a, sem querer, transformar-me em carrasco daqueles a quem não gostaria de ter infligido sofrimento algum. Desejando poupá-los, eu prolongava a mentira ou o silêncio que envenenava a ferida, avermelhava a chaga: para não causar dor eu assassinava mais, com lentidão infinita, como se matasse duas vezes.

Num determinado momento de minha vida, ainda muito jovem, passei por um período em que, dividido entre duas mulheres — uma delas ignorava a existência da outra, e a segunda estava perfeitamente a par de minha relação oficial com a primeira —, eu fazia tudo em dobro: festa de Natal dupla, fim de semana duplo, jantar duplo, mentira dupla. Até o dia em que começar a engolir de novo alcachofras e salmão depois dos biscoitos e do café pesou-me ainda mais na alma que no estômago. Cheio de náuseas, jurei a mim mesmo que, custasse o que custasse e fossem quais fossem as conseqüências, em vez de brincar com a verdade assestando-a em quem tinha na frente, eu doravante a utilizaria como o gume de um gládio que decidiria para mim meu próprio destino. Depois de tantas mentiras, a falsa coragem de dizer a verdade coroava-me, a meu ver, com uma auréola de herói quando, na verdade, ao dizê-la eu só fazia delegar ao Outro as escolhas que minha covardia me impedia de assumir.

Nessa dialética onde, por intermédio da confissão, entrava em jogo a presença de um terceiro, o que era o mais "ignóbil "?

Mentir, mantendo uma espécie de *status quo* provisório — recuar para melhor saltar —, ou dizer a verdade que ia provocar uma explosão imediata?

Platão deveria ser relido com mais frequência:

— Tenho uma mulher que adoro — disse o jovem Hípias. — Mas minha amante me enlouquece de prazer. Devo deixar minha mulher para viver com minha amante ou desistir de minha amante e ficar com minha mulher?

Depois de refletir um momento, o oráculo sai da boca de Sócrates:

— Faças o que fizeres, te arrependerás.

Quando li a frase pela primeira vez, me dobrei em dois de tanto rir. Sem motivo: a pergunta ficava sem resposta. Contudo, ao trazer à luz nossa culpabilidade latente, essa não-resposta era em si uma resposta magistral. Pois a angústia, herança de nossa condição de seres falantes, não é um fenômeno ligado a um instante de nosso estado particular: é estrutural...

Como a falta.

Parte integrante da cadeia simbólica significante de onde tiramos nosso advento como sujeitos, angústia e falta são nosso quinhão desde que o homem fala. E como só se funda na linguagem, sua brecha é, portanto, inevitável ao gênero humano em seu conjunto: o saber permite resignar-se, admitir torna o peso mais leve.

Assim o olho do Outro, no que tem de destruidor, pousado em nós. E também sua palavra, sempre que é injusta.

Ora, ninguém goza por mim, sofre por mim, morre por mim: por que acrescentar a dor de um olhar que condena, o dilaceramento de uma palavra que despreza?

Rei, mendigo: entre o que é e o que poderia ser, a fronteira é tão frágil que um único instante pode aboli-la.

Como se cada ação de nossa vida fosse metaforicamente deduzida da certeza de nossa morte, tudo em nós não passa, no entanto, de uma busca crispada de outras ilusórias certezas — fortuna, honrarias, posições, poder — que serão varridas pelo jogo dos acasos. Por sua vez, a linguagem participa da mentira coletiva pervertendo o sentido das palavras até fazê-las dizer o contrário do que significam — o que é um seguro de vida senão um seguro para a morte?

Com Lacan, aprendi a nomear as coisas. Nunca recuando diante de uma palavra, era-me difícil bater em retirada diante de uma situação sempre que valia a pena defendê-la em nome de uma ética. Se não tinha mais medo das palavras, como poderia temer as coisas?

Hoje sei que, recalcadas, as palavras nos alcançam e nos atravessam cedo ou tarde, nem que seja no instante de nosso último suspiro quando, num único segundo de intensidade, cada um de nós paga em bloco tudo o que ainda devia. Como aquele homem invejado, riquíssimo e célebre, ao redor do qual se desenvolvia meu primeiro romance e que, em seu leito de morte, pronunciava, num acesso de lucidez amarga, seu próprio epitáfio: "Afinal de contas, só servi para ganhar dinheiro."

E o vazio...

O lugar do vazio, a manipulação e o sucesso do vazio.

O papel proeminente do vazio na articulação da vida social... Ideias vazias, vazio dos personagens, das relações sociais, das conversas, dos debates, vazio do discurso político, das ideias, dos símbolos, como não se perguntar qual é a *função do vazio*?

Por que essa desproporção entre o sucesso de uma ideia, de um filme, de uma moda, da filosofia do momento ou de um escrito qualquer e o vazio que veiculam?

É que, por ser um dos elementos constitutivos da psiquê à qual o vincula o que o liga à sombra da castração, seu sucesso só vem, precisamente, desse vazio — ali onde deveria haver alguma coisa, não há nada.

Querendo exorcizá-lo, torna-se a cair nele. Pois o vazio *estrutural* tem de ser mascarado por uma multidão de estruturas do vazio, também elas cheias de vazio, cuja lógica mais mortal, revelando só depois a falha original que é sua causa, será saltar no vazio.

Eu acabava de entrar no décimo ano de análise.

Com o distanciamento, dizê-lo me faz sorrir pela inevitável pergunta que a confissão provoca: "Dez anos... Como é possível?" Eu mesmo seria incapaz de explicar.

Simplesmente, nem os vi passar.

Sobretudo por não haver antinomia entre minhas visitas a Lacan e a vida "normal": eu amava e trabalhava como todo mundo, e existia Lacan. Eu nunca tinha me perguntado quanto tempo duraria o trabalho que iniciara sob sua tutela. Nesse meio-tempo, embora nos papéis tivesse ganhado dez anos, sentia-me mais jovem. E mais velho também. Curiosa mescla onde se superpunham os tempos da infância e do homem. Em minha relação com Lacan, as tensões tinham se acalmado. Não havia mais dramas. Restava apenas meu desejo de saber que me levava, como nas Mil e uma noites, de uma hora a outra, de um dia a outro, de um século a outro. Nesse meio-tempo, imperceptivelmente, meus centros de interesse tinham se modificado. Eu não lamentava nada do que tinha vivido, mas teria sido incapaz de reviver. Não gostava mais das mesmas coisas de antes e, estranhamente, como as pessoas me davam menos medo, conhecer-me melhor tornara-me mais curioso em relação aos outros, mais aberto, mais indulgente para com a tolice — não há mal-entendidos, só mal-entendedores.

Também sabia que o único verdadeiro poder é o talento, pois não se perde nem fenece.

Eu invertera igualmente certas proposições que a mentira social, o uso coletivo, a educação e a cultura nos fazem pensar serem de ordem imutável.

Quero dizer que, em vez de submeter meus desejos a meus meios, decidido a pagar tal preço, eu achara preferível criar os meios para meus desejos — partir do desejo para multiplicar a própria vida em vez de ajustar os desejos limitando-os ao dado da vida. Eu ainda precisava aprender que o objetivo do desejo não é preencher a falta mas que, ao contrário, a falta é causa do desejo.

Sabendo-o, por que não tentar vivê-lo?

Com raras concessões feitas à amizade, ao dever ou à necessidade, é bastante excepcional que eu não esteja bem onde estiver. Por uma razão muito simples: se não fosse assim, estaria em outro lugar.

Mesma coisa para qualquer ação em curso — como eu poderia me queixar, se escolhi dedicar-me ao que faço — ou para aqueles com quem me encontro — se não tivesse vontade de estar com eles, estaria respirando com outra pessoa.

Fora a palavra dada que me obriga, supondo-se que eu esteja em Dublin e que a palavra Pacífico me venha aos lábios, o tempo que é necessário para formulá-la basta para eu já estar dentro de um táxi que me leve ao aeroporto.

Lógica de uma ética na qual o fato de às vezes poder transformar os próprios desejos em realidade imediata não exclui de forma alguma o fato de que o real, por sua vez, o designe como sua vítima e se transforme em pesadelo.

Entre escolhido e agüentado: eis toda a diferença.

Dá para entender que a análise leva a agüentar o menos possível do que é evitável.

Restam as tristezas, os lutos, os acidentes de percurso.

Resta a chuva. Resta a morte e resta a palavra.

"Nada perturba se for falado", disse Françoise Dolto, quase fazendo eco ao "Quanto mais ignóbil você for, melhor irão as coisas" de Lacan. O ignóbil, precisamente, é não falar das coisas.

A tal ponto que só lamento algo da ordem da linguagem: não ter dito suficientemente às pessoas que amava que as amava, quando a todo momento a morte nos leva.

Um amigo leu algumas destas páginas enquanto eu as escrevia.

Ficou surpreso ao ver que às vezes falo da morte.

Mas, quando gostamos de viver, como calar sobre ela se sua negação equivale à negação da vida?

Ao colocá-la sob o signo do limite, fixa seu preço e dá peso ao gozo, pedaço de intensidade subtraído à morte, e à arte, enigmática parte de eternidade que lhe roubamos.

Vivi cada dia de minha vida como se fosse morrer cinco minutos depois.

Continuo.

Apaixonado pelas virtudes do excesso, cultivo, para o bem e para o mal, o desequilíbrio, sabendo muito bem que o meio-termo não se encontra no centro, mas ao lado, à margem, ali onde, como nada está escrito, cada um pode, se desejar e se puder, inscrever na língua de seu desejo o que lhe agrada de sua história.

Toda estratégia enrijece, nada do que é previsto encanta, e, cada vez que me vi em órbita, não descansei enquanto não escapei para romper minhas certezas.

— Tem toda razão — dizia Lacan.

Nada, na calma de seu consultório, deixava entrever as lutas que travava lá fora para dominar o assalto dos anões aos quais seu gênio fazia sombra demais.

Um dia, circunstâncias externas vinculadas a minha vida particular me obrigaram a precipitar uma viagem.

Como de costume, eu não havia previsto nada. Entretanto, assim que me vi em sua presença anunciei que voltaria no dia seguinte mas que depois não viria mais.

Pareceu tão assombrado de ouvir quanto eu mesmo de formular. Tenho certeza de que estávamos tristes.

Nós nos olhamos longamente. Eu não tinha nada a acrescentar. Ele não fez comentário algum.

Era o fim da história de amor.

Ao cabo de uma travessia que durara dez anos, o passador levara o passante-passageiro são e salvo a uma margem outra.

O dia seguinte era o dia da última vez.

O sentimento que me agitava era feito de afeição e desapego ao mesmo tempo: embora três dias antes o ignorasse, agora sabia que não tinha mais nada a fazer ali.

Lacan apertou-me a mão. A porta tornou a se fechar.

Eu nunca mais o veria.

Saindo ao pátio, cruzei com dois analisandos, reconhecíveis pelo olhar que não captava nada do visível, que subiam com ares furtivos.

O castanheiro crescera. Era inverno. Cheguei à rue de Lille.

Transcorreram várias estações...

Uma manhã, em minha casa da Irlanda, fui acordado por aquela que partilhava minha vida.

— Acabei de escutar no rádio — disse-me ela. — Lacan morreu.

Cobertas de filicíneas *mauve*, as colinas do Wicklow desenrolavam diante de meus olhos suas ondulações suaves.

Desci, parti alguns ramos de acácia e dei às corças que pastavam num cercado.

Só me restava instalar-me no provisório que havia construído.

Até a morte me expulsar.